Marie-Pascale Rauzier &
Emmanuel Rauzier

Nous, les **enfants** de 1955

De la naissance à l'âge adulte

Éditions Wartberg

Mentions légales

Crédits photographiques :
Archives personnelles des auteurs, pp. 4, 8-9, 11, 13b,14b, 16-17, 21, 25-26, 28-30, 35b, 36, 38h, 39h, 40, 43h, 45-46, 50h, 52, 55-57, 62.
© Picture-alliance / dpa, pp. 38b, 44, 50b ;
Picture-alliance / imagestate / HIP / National Motor Museum, p. 10 ;
Picture-alliance / imagestate / HIP, p. 12 ;
Picture-alliance / maxppp / Delius / Leemage, p. 20 ;
Picture-alliance / KPA, pp. 22, 58b ; Picture-alliance / united archives, p. 32.
© Ullstein bild, pp. 6, 7, 14, 15, 19, 47b, 51, 61 ; Ullstein Bild - Blume, p. 13 ;
Ullstein bild – Buhs / Remmler, p. 27 ; Ullstein bild – Kindermann, p. 34 ;
Ullstein bild – iT, pp. 35h, 37h, 58h ; Ullstein bild – dpa (85), p. 39b ;
Ullstein bild – Klaus Rose, pp. 23, 42 ; Ullstein bild – united archives, pp. 43b, 60 ;
Ullstein bild – NASA, p. 49.
© Roger-Viollet, pp. 24, 37b, 47h, 54, 63.

1re édition, 2010

40, rue de l'Échiquier
75010 Paris

Un département de
Wartberg Verlag GmbH &Co. KG.
Im Wiesental 1
34281 Gudensberg-Gleichen
Allemagne

Conception graphique : Ravenstein & partenaires, Verden.
Imprimé en Allemagne sur les presses de Thiele & Schwarz, Kassel.

ISBN : 978-3-8313-2555-9

Préface

Chers enfants de 1955,

Enfants du baby-boom nés en 1955, nous avons grandi dans… l'insouciance. Comme moi, vous avez été nourris d'innovation technologique, bercés par la croissance économique, avec la famille pour modèle, du travail pour tout le monde, et des lendemains radieux. Habitués de la société de consommation, nous sommes nés avec la machine à laver, le réfrigérateur, la télévision, la DS et la Dauphine. Nous avons même assisté à l'envol du *Concorde*.

Tintin, Spirou, le Club des Cinq, Zorro et Mary Poppins ont été nos compagnons d'enfance, avant d'être abandonnés pour un blue-jean, une minijupe ou des pattes d'eph'. Le Teppaz et le transistor nous ont fait fuir la TSF et le salon familial pour mieux savourer la guitare électrique des Rolling Stones.

Nous avons connu deux Républiques, grandi dans l'ombre tutélaire du général de Gaulle, assisté en direct à l'assassinat du président Kennedy et aux premiers pas de l'homme sur la Lune.

Comme moi, vous étiez trop jeunes pour comprendre les événements de Mai 68, mais je me souviens avoir senti les premiers tiraillements entre générations, la fêlure de l'autorité, la crise de l'école. Car tout à coup, nous étions nombreux à être jeunes !

Au lycée, j'ai grandi avec Pilote, étudié Camus, Sartre, Marx et Freud, chanté Joan Baez, Polnareff et Led Zeppelin, et regardé pousser mes cheveux. J'ai admiré les gauchistes, contesté au nom de la liberté, manifesté contre le modèle petit-bourgeois. L'enlisement des États-Unis au Vietnam, le Printemps de Prague, les premières guerres israélo-arabes, la naissance de l'écologie ont éveillé ma conscience politique d'alors. Nous avons tous rêvé d'un monde meilleur, et écrit « love and peace » sur nos jeans. Les « Trente Glorieuses » se sont achevées avec nos dix-huit ans. Mais nous ne le savions pas encore.

Emmanuel Rauzier

Propos recueillis par Marie-Pascale Rauzier

1955-1957

Gazouillis de bébé à la campagne

Revêtu de la longue robe blanche portée depuis trois générations, on nous baptise peu après notre naissance.

Un enfant de Noël

Je passe l'année 1955 bien au chaud dans le ventre de ma mère et laisse mes parents fêter Noël, avant de m'annoncer tôt le lendemain matin. Lorsqu'une amie lui demande combien d'enfants elle voudrait, ma mère répond invariablement : « Autant que je pourrais ! » C'est l'âge d'or des familles nombreuses, de la femme au foyer à qui sont confiées les tâches ménagères et l'éducation des enfants, du « chef de famille » qui travaille pour assurer la subsistance des siens.

Chronologie

18 avril 1955
Mort d'Albert Einstein à soixante-seize ans, prix Nobel de physique en 1921.

14 mai 1955
Signature du Pacte de Varsovie par huit pays, l'URSS, l'Albanie, la Bulgarie, la Hongrie, la Pologne, la RDA, la Roumanie et la Tchécoslovaquie, une alliance militaire destinée à faire contrepoids à l'OTAN, réunissant les pays occidentaux.

11 juin 1955
Drame aux 24 heures du Mans. La Mercedes de Pierre Levegh percute une Austin Healey, projetant capot, moteur et boîte de vitesse sur la foule et faisant 82 morts.

24 février 1956
Lors du XXe congrès du Parti communiste d'URSS, Khrouchtchev dénonce les crimes staliniens et parle de « coexistence pacifique » avec l'Ouest.

2 mars 1956
Indépendance du Maroc après quarante-quatre ans de tutelle française et espagnole, suivie le 20 mars par l'indépendance de la Tunisie.

19 avril 1956
Mariage de Grace Kelly et du Prince Rainier III de Monaco.

26 juillet 1956
L'annonce, par Nasser, de la nationalisation du canal de Suez, entraîne une crise internationale.

4 août 1956
Création d'une vignette automobile destinée à financer les retraites des personnes âgées démunies.

19 octobre – 4 novembre 1956
L'insurrection hongroise contre le despotisme russe est réprimée dans le sang par les chars soviétiques, faisant entre 2 500 et 3 000 morts parmi les Hongrois.

25 mars 1957
Signature du Traité de Rome par la Belgique, la France, la RFA, l'Italie, le Luxembourg, les Pays-bas, instituant la Communauté économique européenne (CEE) et la Communauté européenne de l'énergie atomique (EURATOM).

À l'époque, les femmes se racontent peu leurs maux de grossesse, mais sont fières de se montrer l'une à l'autre. Si tout va bien, une ou deux visites chez la sage-femme ou le médecin suffisent avant l'accouchement. Fille ou garçon, c'est la surprise – mais la layette et les prénoms seront prêts à temps pour accueillir le nouveau-né. Les vêtements tout faits pour bébé étant rares et chers, les futures mères qui ne travaillent pas occupent une grande partie de leur grossesse à broder de petites chemises en coton, à tricoter des brassières et à coudre sur leur machine à pédale Singer.

Comme mes frères, je suis allaité, goûtant cependant assez vite aux laits maternisés Gloria ou Nestlé qui ont déjà fait leurs preuves. Baptisé dans les quinze jours qui suivent ma naissance – par crainte ancestrale de la mortalité infantile – mes premières semaines se déroulent au calme, couché sur le côté dans un berceau familial en cuivre.

Habillés de couches superposées, les bébés sont alors de vrais millefeuilles. Nous portons des chemisettes cousues main directement sur la peau, des brassières en laine, des cache-brassières et parfois un bavoir en cache-coeur. Les pyjamas à pieds ne sont pas encore arrivés en France et pendant l'hiver, on nous enveloppe dans une gigoteuse bien large. Les carrés en toile de coton lavables qui font office de couches sont maintenus par une culotte en tissu plastique bleu ou rose, pressionnée sur le ventre. Nous n'avons pas encore de machine à laver, et la lessive est une vraie corvée.

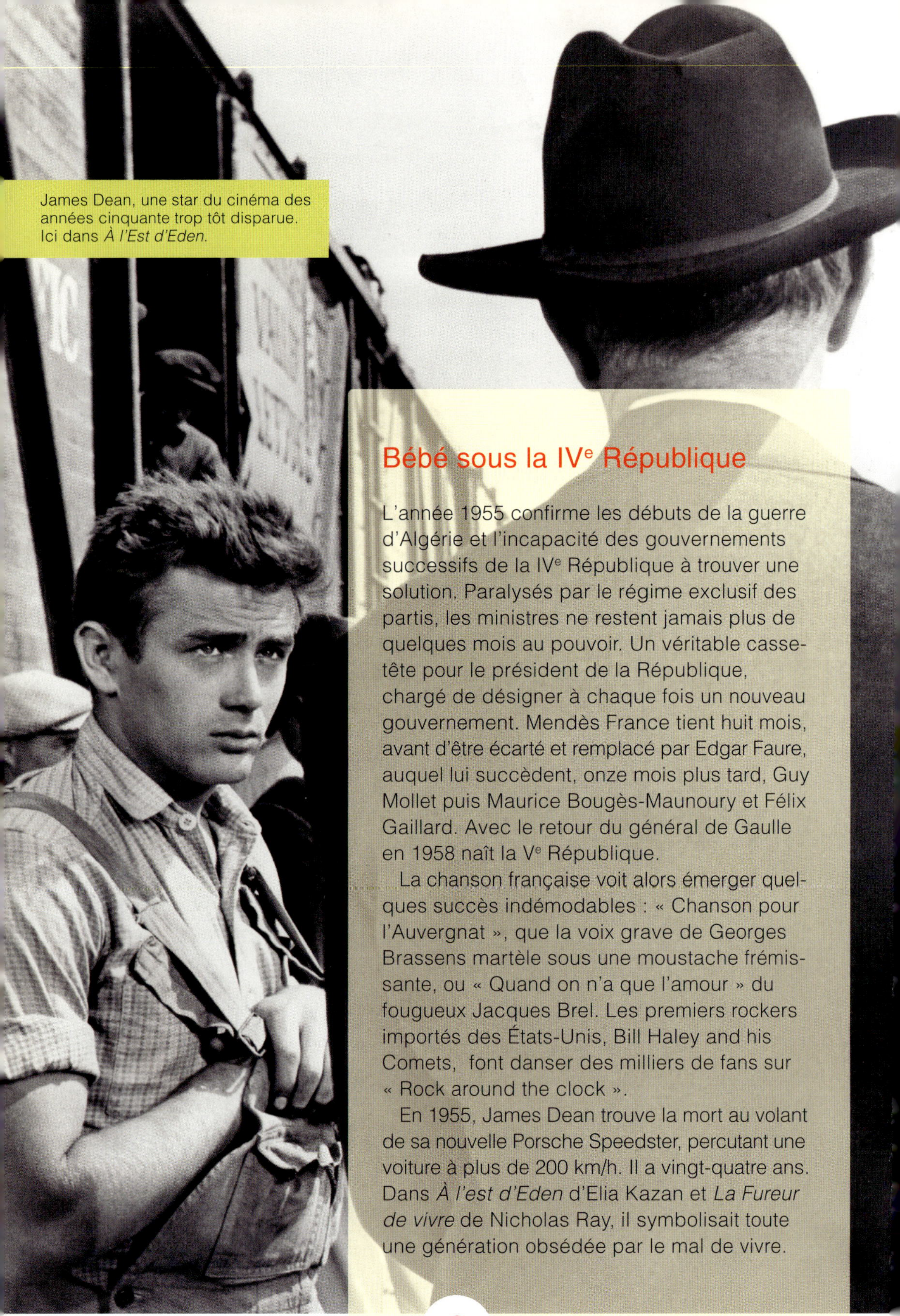

James Dean, une star du cinéma des années cinquante trop tôt disparue. Ici dans *À l'Est d'Eden*.

Bébé sous la IVe République

L'année 1955 confirme les débuts de la guerre d'Algérie et l'incapacité des gouvernements successifs de la IVe République à trouver une solution. Paralysés par le régime exclusif des partis, les ministres ne restent jamais plus de quelques mois au pouvoir. Un véritable casse-tête pour le président de la République, chargé de désigner à chaque fois un nouveau gouvernement. Mendès France tient huit mois, avant d'être écarté et remplacé par Edgar Faure, auquel lui succèdent, onze mois plus tard, Guy Mollet puis Maurice Bougès-Maunoury et Félix Gaillard. Avec le retour du général de Gaulle en 1958 naît la Ve République.

La chanson française voit alors émerger quelques succès indémodables : « Chanson pour l'Auvergnat », que la voix grave de Georges Brassens martèle sous une moustache frémissante, ou « Quand on n'a que l'amour » du fougueux Jacques Brel. Les premiers rockers importés des États-Unis, Bill Haley and his Comets, font danser des milliers de fans sur « Rock around the clock ».

En 1955, James Dean trouve la mort au volant de sa nouvelle Porsche Speedster, percutant une voiture à plus de 200 km/h. Il a vingt-quatre ans. Dans *À l'est d'Eden* d'Elia Kazan et *La Fureur de vivre* de Nicholas Ray, il symbolisait toute une génération obsédée par le mal de vivre.

L'hiver 1956

Début 1956, la France connaît un des hivers les plus froids du XXe siècle. Un vent d'Est en provenance d'Europe centrale atteint le pays en février et reste sur le territoire pendant trois semaines. On enregistre -26°C à Nancy, -32°C à Sarreguemines, mais aussi -17°C à Montpellier et -13°C à Bordeaux. Les fleuves et les rivières gèlent, la Loire charrie des glaçons d'un mètre de haut, la Seine piège les péniches dans la glace. Les Parisiens patinent sur les lacs du bois de Boulogne, les Toulousains sur le canal du Midi. Le trafic ferroviaire est paralysé à plusieurs reprises dans l'Est de la France. En Normandie, la neige atteint 1 mètre 20, et plus étonnant encore, 70 centimètres à Saint-Tropez. Les cultures sont brûlées par le froid et les vignes détruites à 80 %. Deux ans après l'appel de l'abbé Pierre, on dénombre 147 victimes en France et plus de 600 en Europe.

Février 1956 : un hiver redoutable – même le Rhin a gelé.

Jeux de garçons : des rails à emboîter, un petit train, des voitures.

Une parenthèse américaine

Âgé de deux mois, j'embarque en famille sur le *United States*, un paquebot qui assure la liaison entre Le Havre et New York en quatre jours. Nous rejoignons pour quelques mois mon père envoyé en mission dans le New Jersey. Ces paquebots sont des espaces de rêve : sur le pont, les femmes prennent le soleil dans des transatlantiques. Une nounou est à la disposition des familles pour réchauffer un biberon ou garder les enfants ; les plus grands peuvent se rendre au théâtre de marionnettes, au cinéma, jouer au ping-pong ou se baigner dans la piscine... Une fois arrivés, mes frères découvrent leur première télévision, avec Mickey Mouse et « Captain Kangaroo ». Ils s'émerveillent devant la pédale qui actionne le couvercle de la poubelle et les caddies des supermarchés. La cuisine est équipée d'un réfrigérateur et d'un lave-linge. En Illinois, le premier Mac Donald's ouvre ses portes – la chaîne ne s'implantera à Strasbourg qu'en 1979.

Désireux d'initier mes frères aux coutumes américaines, mes parents leur expliquent qu'aux États-Unis on ne serre pas la main de ses copains. Il suffit de faire un petit signe en disant « Hello Boy ! ». Ravis, mes frères lancent fièrement à toute personne rencontrée, homme ou femme, un joyeux « Hello boy ! ». De leur côté, nos voisins ont expliqué à leurs enfants qu'en France on se serre la main... Comment s'y retrouver ?

Les voitures ne sont pas encore équipées de ceintures de sécurité. La sieste à l'arrière y est fameuse.

Si Martin Luther King ne fait pas encore parler de lui sur la côte Est, mes parents sont choqués lors de leur séjour en Louisiane par ces bus dont l'avant est réservé aux blancs, l'arrière aux noirs. La même année, en Alabama, Rosa Parks, une femme noire de quarante-deux ans, refuse de laisser sa place à un blanc dans un bus. Elle est condamnée à payer une amende de quinze dollars. S'ensuivra une campagne de boycott contre la compagnie des bus de Montgomery, encouragée par un jeune pasteur noir, Martin Luther King. Un an plus tard, la Cour suprême lui donnera raison en déclarant illégales ces lois ségrégationnistes. Une lutte pacifique est engagée. L'Amérique triomphante des années cinquante éblouit le monde par son avance, mais cache déjà ses verrues.

Le Babygro et la Citroën DS

En 1956, le monde est sous tension. L'attaque occidentale destinée à empêcher Nasser de nationaliser le canal de Suez est un fiasco ; Khrouchtchev prétend avoir tourné la page du stalinisme mais envoie ses chars en Hongrie

La DS19, nouveauté de l'année 1957.

pour mater la révolte populaire dans le sang. Même chose en Pologne, où le peuple réclame des élections libres. En Algérie, la guerre mobilise de plus en plus de soldats français.

Plus glamour, le mariage de Grace Kelly et du prince Rainier III de Monaco est célébré dans le faste de la principauté, pavoisée en rouge et blanc pour l'occasion. 30 millions de téléspectateurs suivent les festivités en direct. Pendant ce temps en France, le sourire et le déhanchement de Brigitte Bardot crèvent l'écran dans *Et Dieu… créa la femme*. B.B. banalise le bikini qui, depuis sa création par Louis Réard en 1946, défraye la chronique. Plus paisible, *Le Monde du silence,* de Jacques-Yves Cousteau et Louis Malle, remporte la Palme d'or à Cannes.

Ma mère exhibe fièrement un mixer et des grenouillères ramenés des États-Unis. Tissés façon velours ou éponge, les pyjamas à pieds ne seront commercialisés en France, sous la marque Babygro, qu'à partir de 1960. Quant à mon père, il rapporte un rasoir électrique et des chemises blanches en nylon.

Au Salon des arts ménagers à Paris, le plastique fait fureur, tandis que Moulinex propose le premier éplucheur à lames doté d'un moteur électrique. La cocotte-minute et la poêle Tefal font gagner du temps aux ménagères.

La voiture commence tout juste à se démocratiser. Au Salon de l'automobile parisien, la Citroën DS19 fait sensation avec son « design », ses innovations technologiques, sa direction hydraulique et sa suspension hydropneumatique. De son côté, Peugeot présente la 403, moins aérodynamique que sa rivale, mais la première d'une longue série de voitures aussi solides que fiables. La Dauphine de Renault parade, toute en rondeurs. Pour en profiter, cette année 1956, le gouvernement a allongé la durée des congés payés à trois semaines.

Pour ma part, après quelques tentatives fructueuses dans un youpala rudimentaire, je fais mes premiers pas vers quinze mois. À l'ère des bébés bien nourris, où « potelé » rime avec « bien portant », on n'est pas pressé de marcher. Bouillie, semoule, flocons d'avoine… les bébés joufflus sont à la mode.

Les pyjamas à pieds en stretch révolutionnent l'habillement et le confort de bébé.

Guerre d'Algérie. Le nombre d'appelés français sur le sol algérien ne cesse d'augmenter à partir de 1955.

Les détonateurs de la guerre d'Algérie

L'attentat commis par le FLN dans les Aurès lors de la « Toussaint rouge », le 1er novembre 1954, sert d'amorce au conflit. Deux jeunes instituteurs français sont tués au cours d'une fusillade. Le 20 août 1955, dans le nord constantinois, Youcef Zighoud, responsable régional du FLN, envoie des civils algériens encadrés par des militaires révolutionnaires attaquer une vingtaine de villages. Armés de pelles, de pioches, de gourdins, ils visent le pouvoir colonial, assaillant les gendarmeries, les casernes et tuant des civils. On comptera 123 morts dont 71 d'origine européenne. La répression, dont la brutalité a longtemps été minimisée, fera plus de 10 000 victimes algériennes. L'objectif inavoué du FLN est atteint : attiser la guerre, démontrer à l'opinion internationale que la révolution algérienne est populaire, et empêcher tout compromis. Le fossé est désormais creusé entre musulmans algériens et pieds-noirs. L'insécurité s'installe durablement. Sur le sol français, on fait appel, dès 1955, à des réservistes. Le nombre de soldats en Algérie passe de 250 000 à 400 000 hommes engagés de façon permanente.

À la mer !

Dans les fratries, aux plus grands le privilège de surveiller le bébé qui babille au chaud dans le landau familial.

Du tempérament

Mes parents ne nous confient guère, sauf à des amis proches. Pour alléger un peu le travail de ma mère, ils sollicitent un bureau d'études franco-anglais pour trouver une jeune fille au pair anglophone. Quelques formalités plus tard, Penny, dûment recommandée par une autre famille, débarque au Havre. La broche verte fixée à son chemisier est le signe de reconnaissance convenu sur le télégramme annonçant son arrivée. Avec elle, nous partons le dimanche au bord de la mer. Habillé d'une barboteuse bouffante, manches ballons et col Claudine, je goûte aux embruns et à la dureté des galets sous

Le costume marin fait fureur.

mes petits pieds mal assurés. Mes frères, en costume marin, défient la mer en la criblant de cailloux. L'année suivante, la canadienne Mardelle me répète gentiment dans son franglais inimitable : « Emmanuel, wet coucouche, bad boy ; dry coucouche, good boy ! » Ou encore « Temper, temper !» lorsque je me mets en colère.

Je suis encore trop petit pour participer aux jeux de mes frères, mais je ne perds pas une miette de leurs exploits. Je suis jaloux de leurs jeux sur le tapis, du petit train en bois qu'ils poussent sur des rails avec des bruitages très convaincants et je déboule souvent au beau milieu en jubilant. J'ai d'ailleurs une passion pour tout ce qui roule : l'Aronde, la tondeuse à gazon à main, les petites voitures...

Premières sensations de vitesse. Encore !

Un soldat anglais sur les rives du canal de Suez après l'attaque occidentale.

La nationalisation du canal de Suez

L'annonce de la nationalisation du canal de Suez par le président égyptien, Nasser, le 26 juillet 1956, suscite une vive réaction de la part de la France et de l'Angleterre, qui ont de puissants intérêts dans la Compagnie. Les revenus d'exploitation du canal permettraient à l'Égypte de financer la construction d'un grand barrage à Assouan. Face au refus des États-Unis de participer à ce financement, s'amorce une crise internationale. Car cette voie commerciale, qui relie la Méditerranée à la mer Rouge, est indispensable au trafic pétrolier. En octobre, l'Angleterre, la France et Israël s'associent secrètement par le Protocole de Sèvres. La Grande-Bretagne veut préserver le contrôle qu'elle a sur le canal depuis 1882 ; la France souhaite en finir avec le président égyptien, favorable aux nationalistes algériens, et Israël espère stopper les raids de combattants palestiniens sur son territoire. Le 29 octobre, Israël attaque l'Égypte, tandis que les forces européennes parachutent leurs troupes sur Port-Saïd et les rives du canal. L'armée égyptienne est défaite en quelques jours et capitule. Washington et Moscou, qui n'ont pas été consultés, exigent le retrait des forces occidentales sous peine de représailles. L'ONU condamne l'opération qui n'aura duré que quarante heures. Les forces françaises, anglaises et israéliennes se retirent, remplacées par les casques bleus. Le régime de Nasser, soutenu par l'URSS, ressort grandi de la crise. Le canal est rouvert à la navigation le 29 mars 1957.

Entre Babar et Colargol, la vie en culottes courtes

1958-1960

La tondeuse à gazon à main n'est pas dangereuse mais beaucoup trop lourde à pousser pour un bout de chou.

Une maison à la campagne

Devant la maison où nous emménageons en 1958, s'étend un grand jardin. Tous les matins, la charrette du laitier tirée par un cheval s'arrête devant notre porte pour livrer ses bouteilles. Puis c'est au tour du facteur, képi vissé sur la tête, qui apporte les bonnes et les mauvaises nouvelles. L'arrivée d'un télégramme est toujours un moment d'angoisse : il peut aussi bien annoncer une naissance qu'un décès. Selon la distance, les communications téléphoniques peuvent être très lentes

Chronologie

5-23 mai 1958
Mao Zedong lance le Grand Bond en avant, une réforme ambitieuse de la société chinoise qui s'achève en 1959 par un désastre économique et humain : 30 millions de morts dues à la famine et à la malnutrition.

21 décembre 1958
Le général de Gaulle est élu président de la Ve République.

6 janvier 1959
L'instruction est obligatoire en France jusqu'à seize ans. Elle l'était jusqu'à quatorze ans depuis 1936.

16 février 1959
Fidel Castro prend le pouvoir à Cuba et instaure un nouveau pouvoir dictatorial, remplaçant celui de Batista.

10 mars 1959
Des dizaines de milliers de Tibétains descendent dans les rues de Lhassa pour réclamer l'indépendance du Tibet. Face à la répression chinoise, le Dalaï Lama se réfugie en Inde.

1er avril 1959
L'assurance automobile est obligatoire en France pour tous les véhicules à moteur.

16 octobre 1959
« Attentat » de l'Observatoire contre François Mitterrand à Paris. Il en ressort indemne – la suspicion d'une « comédie organisée » entraîne un scandale politique.

2 décembre 1959
Rupture du barrage de Malpasset dans le Var, 400 victimes.

13 février 1960
La France fait exploser sa première bombe nucléaire dans le Sahara algérien.

8 novembre 1960
John F. Kennedy (parti démocrate) est élu président des États-Unis contre Richard Nixon. C'est le premier président catholique des États-Unis.

Le royaume des garçons : des cubes de toutes les tailles et des petites voitures.

– il faut obtenir une opératrice avant d'être mis en relation avec son correspondant. Fernand Raynaud s'en moque dans son célèbre sketch « Le 22 à Asnières ».

Le jardin avoisine un pré dont quelques fils de fer nous séparent. Mes frères y font fuir les vaches en les coursant à grands cris jusqu'à ce qu'elles défoncent les clôtures. Plus pour longtemps ! Le fermier, furieux, fait savoir à tous les garnements du voisinage qu'il ne les laissera pas faire tourner le lait de ses vaches en les effrayant. Autre personnage de notre enfance : le jardinier qui vient tailler les haies. Si nous passons trop près de lui, il nous terrorise avec ses cisailles en criant : « Venez un peu ici que je vous taille une oreille en pointe ! » Un de mes frères décide un jour de creuser la terre pour aller rejoindre les petits Chinois de l'autre côté du monde. Moins intrépide, je me borne à faire le tour de la maison dans ma « Merdecès » – comme je m'obstine à l'appeler –, une petite voiture à pédale dans laquelle je suis le roi du monde.

La guerre d'Algérie en France

À la fin de l'été 1958 s'ouvre une période inquiétante pour les Français. La guerre d'Algérie, que l'on croyait cantonnée de l'autre côté de la Méditerranée, frappe la France. Dans la seule nuit du 25 août, des commandos du FLN (Front national de libération), qui préparent leur attaque depuis des mois, réussissent à instaurer un climat de violence et d'insécurité. Des installations économiques et militaires françaises sont prises pour cibles. Des commissariats, des postes de police et des casernes sont mitraillés, tandis que les dépôts de carburants sont incendiés.

Dans la raffinerie où travaille mon père, c'est l'effarement : dans un premier temps, personne ne comprend la cause des flammes qui s'échappent de plusieurs cuves en même temps, jusqu'à ce que l'on retrouve près de l'une d'elle un cadavre à peine identifiable. Il s'agit du corps d'un fellaga, déchiqueté par l'explosion qu'il a provoquée avec son bâton de dynamite. C'est la panique à la centrale de gaz de Rouen, mais aussi dans les dépôts de pétrole à Saint-Louis-les-Aygalades, à Toulouse et surtout à Mourepiane près de Marseille, où les installations détruites brûlent dix jours durant. Le FLN obtient ce qu'il veut : le gouvernement maintient ses troupes sur le sol français et allège le contingent en Algérie. La répression se durcit – contrôles d'identités, arrestations, couvre-feu pour les Nord-Africains –, ce qui n'empêche pas les attaques de se poursuivre, bien qu'à moindre échelle. On dénombre en France, pour cette seule période, plus de 50 sabotages, 240 attaques, 188 blessés et 82 morts dans les deux camps. La plupart des responsables sont arrêtés à la fin du mois de septembre.

Le 21 décembre 1958, le général de Gaulle est élu président de la Ve République. Un sentiment d'euphorie s'empare des Français d'Algérie après le « Vive l'Algérie française ! » prononcé par le général sur le sol algérien. Pourtant, neuf mois plus tard, ce dernier annonce son intention de recourir à l'autodétermination. Déception et stupeur dans les rangs des pieds-noirs. En France naît le Rassemblement pour l'Algérie française.

En attendant, le nouveau président prend la France en main, nomme Michel Debré au poste de Premier ministre et entame une série de réformes sociales : création de l'UNÉDIC et des ASSÉDIC, généralisation de la Sécurité sociale et instauration de mesures de protection de l'enfance.

Le général de Gaulle en visite en Algérie en 1958.

Ma rentrée en maternelle

Je souffle mes trois bougies dans la plus grande insouciance. À la fin des années cinquante, seul un tiers des enfants de trois ans fréquentent l'école maternelle, qui commence tout juste à passer du statut de garderie d'enfants à celui d' « école ». On y aborde enfin l'éveil par le jeu, la créativité et l'épanouissement de l'enfant. Ma mère n'est nullement pressée de m'y envoyer, mais j'ai tellement hâte de faire comme mes frères ! Je suis fier d'y dessiner,

On ne perd pas une miette des histoires de Colargol ou de *La Belle et le Clochard*.

de faire des collages en trempant une spatule dans un de ces petits pots de colle blanche à l'odeur enivrante d'amande douce. La première punition dont je me souvienne a été d'être privé de récréation un jour où je barbouillais de peinture la tête d'un copain. J'ai quand même eu droit à une image, une autre fois, quand au lieu de sauter comme un ressort au bout de cinq minutes de sieste j'ai fait semblant de dormir plus longtemps que les autres.

À la maison, quand la fatigue me prend vraiment, je me hisse sur une chaise à côté de l'électrophone de mes parents, pour écouter des disques. On ne se lasse pas d'écouter le même 45 tours plusieurs fois de suite : « Fifi le petit canari » et « Colargol », « L'ours qui chante en fa, en sol, en do dièse, en mi bémol… », sont alors nos meilleurs amis. Je m'attriste en entendant que le directeur du cirque a enfermé Colargol dans une cage ; je ris quand les sangliers le libèrent, alertés par Corbeau 12. Ma mère nous lit les albums du Père Castor : *Boucle d'or*, *Le Chat botté*, *Les Trois Petits Cochons*. Mais aussi *Babar en famille* ou *Le voyage de Babar*. J'ai un faible pour *Les Bons Amis*, avec ce petit lapin qui cherche des carottes dans la neige, et pour *Nanouk chasseur des neiges*. À la radio, sur Paris-Inter, naît le « Jeu des 100 000 francs par jour » qui s'adapte au changement de monnaie en devenant un an plus tard le « Jeu des mille nouveaux francs » puis le « Jeu des mille francs ».

L'un de mes frères se passionne pour le train Märklin. La marque, qui fête ses cent ans en 1959, est déjà célèbre. Muni d'un moteur électrique, ce train est constitué de tout un réseau miniature, dont on peut acquérir les pièces au détail : locomotives, wagons, caténaires, signaux lumineux, petites figurines... Un tableau de commande électrique permet d'actionner les barrières, de faire avancer ou reculer le train, d'utiliser les aiguillages. Le maniement de ce train est délicat, car au moindre rail mal enclenché, le courant ne passe plus.

Notre armoire à jouets contient bien d'autres trésors : les petites voitures Dinky Toys – la marque reproduit chaque année les nouveautés du Salon de l'automobile à Paris –, la panoplie de Davy Crockett, le roi des trappeurs, un jeu de l'oie, un jeu de nain jaune...

Le dimanche, nous allons nous promener en forêt, nous visitons des églises ou des châteaux, happés par l'enthousiasme de mon père pour les vieilles pierres. En juillet 1959, le Pont de Tancarville est ouvert à la circulation. Ce pont suspendu, qui possède alors la plus grande travée d'Europe, permet de franchir l'estuaire de la Seine en deux minutes et de gagner Paris en deux heures. Cet été-là, une vague de chaleur embrase le Nord de la France, la température dépasse les 37°C en Normandie durant plusieurs jours. On bat même le record d'ensoleillement et de chaleur précédemment atteint lors de la canicule de 1911.

La fratrie s'agrandit

Nous nous sommes à peine rendu compte que ma mère était enceinte – on ne racontait pas sa vie à ses enfants à cette époque – et voilà qu'un beau jour, mon père nous annonce avec émotion : « Vous avez une petite sœur ! » Après trois garçons, enfin une fille, qui s'impose d'emblée. Hypersensible, elle ne supporte ni le bruit ni la lumière, et se réveille en hurlant si nous haussons le ton ou faisons craquer une lame de parquet dans l'escalier.

Le baptême est l'occasion pour la nouvelle arrivée de porter la longue robe blanche en dentelle de la famille. Nous l'avons tous revêtue et elle a déjà

Un vélo trop grand, mais parfait pour frimer devant les filles.

dû servir des dizaines de fois depuis trois générations. Ma mère troque sa jupe longue en corolle et ses chaussures plates pour un petit tailleur style Chanel et des talons aiguilles, et se coiffe d'un bibi pour la messe. Mes frères et moi, astiqués comme des sous neufs, portons des culottes courtes à revers en tergal infroissable, des chemises blanches, et une cravate sous un pull tricoté main. La maison se féminise, le placard se remplit de robes : à fronces, à smocks, en vichy rose, avec broderies anglaises et manches ballons. Moi, je suis amoureux de la petite voisine. Mais comme je n'aime pas le fromage et qu'elle l'adore, on se demande si on pourra se marier.

Je n'ai aucun souvenir de l'entrée en vigueur du nouveau franc ce mois de janvier 1960, mais m'étonne par la suite de voir mes grands parents sans cesse obligés de multiplier les chiffres par cent pour s'y retrouver. Pour moi, la baguette coûte 15 centimes, pour eux 15 francs !

Lorsque ma sœur commence à marcher, nous attendons que ma mère ait le dos tourné pour l'attirer sur le tapis. Dès qu'elle y pose un pied mal assuré, nous le tirons d'un coup sec pour la faire tomber. Et tant qu'elle rit, nous recommençons. Nous menons aussi la vie dure à la jeune fille qui vient aider ma mère à la maison. Et rien ne peut nous arrêter puisqu'au retour des parents, nous l'entendons affirmer : « Ils ont été adorables. Des anges ! » Un chantage implicite s'est instauré entre elle et nous : nous ne disons rien de ses flirts avec le livreur de lait ou de fuel ni de ses confidences amoureuses ; elle ne dénonce pas nos chahuts.

Anita Ekberg, sublime sirène de la fontaine de Trevi dans *La Dolce Vita* de Fellini.

Un beau gâteau d'anniversaire.

Au cinéma, Truffaut, Resnais et Godard annoncent la Nouvelle Vague. Marilyn Monroe est éblouissante dans *Certains l'aiment chaud*, Marlon Brando fait se pâmer les jeunes filles dans *L'Homme à la peau de serpent*. Avec La *Mort aux trousses*, où l'on vibre pour l'innocent et malchanceux Cary Grant, Hitchcock s'affirme comme le maître du suspense. La Palme d'or de 1960 est décernée à Fellini pour *La Dolce Vita*, film hué par le public cannois et condamné par le Vatican. Tout ça parce que la sublime Anita Ekberg se baigne en robe noire bustier dans la fontaine de Trevi. Côté musique, les Beatles donnent leur premier concert, tandis qu'un certain Johnny Hallyday fait sa première apparition à la télévision, dans une émission intitulée « L'École des vedettes ». Il a dix-huit ans – un phénomène est né. L'écrivain Nabokov fait scandale avec *Lolita* et se bat quatre années durant avec son éditeur pour que son roman paraisse en France.

1958 : Naissance de la Vᵉ République

La menace d'une guerre civile en Algérie, l'incapacité du pouvoir politique en place à y faire face et un régime affaibli par l'instabilité ministérielle, provoquent l'effondrement de la IVᵉ République, qui n'aura tenu que onze ans. Retiré de la scène politique, le général de Gaulle apparaît alors comme l'indispensable recours, le seul capable de restaurer l'État et de sortir l'Algérie de l'impasse. Le 15 mai 1958, au lendemain du coup de force de l'armée à Alger, le général de Gaulle se dit « prêt à assumer les pouvoirs de la République », si le pouvoir exécutif est renforcé et incarné par le chef de l'État. Il a le soutien des pieds-noirs et de l'armée, et contre lui, le Parlement et le parti communiste alors très puissant. Le 1er juin, l'Assemblée nationale lui accorde sa confiance, et le général obtient les pleins pouvoirs pour six mois, le temps nécessaire à établir une nouvelle Constitution. Le 27 septembre, 80 % de Français votent « oui » à la Vᵉ République par voie de référendum. Le 21 décembre 1958, le général de Gaulle est élu président de la Vᵉ République, succédant à René Coty. Les pouvoirs du président sont étendus : il nomme les ministres dont il préside le conseil, il a en charge la défense nationale, l'Algérie et la diplomatie. L'élection du président au suffrage universel direct prendra effet en 1962.

Publicité Omo en 1960.

La lessive qui lave plus blanc

L'été 1959, toute la famille part en voyage dans la Simca Ariane 8. Et bientôt, ma mère acquiert sa première machine à laver semi-automatique. Étroite, elle se charge par le haut et, comble du bonheur, lave le linge toute seule. Tout de même, il faut encore tourner le bouton pour activer le rinçage puis recommencer pour l'essorage. La machine à laver révolutionne la vie des mères de famille nombreuse et les marques de lessive rivalisent d'imagination pour s'attirer leurs faveurs : « Omo est là et la saleté s'en va » sur l'air de *L'Arlésienne* de Bizet ; Persil qui « lave plus blanc… et donc plus propre », puis Super Persil qui « lave encore plus blanc que Persil » et Pax, qui « bout plus blanc et… sans usure ». Mais c'est Bonux qui l'emporte dans le cœur des enfants, grâce à une idée de génie : chaque paquet de lessive contient une petite pochette cadeau cachée dans la

Des culottes courtes hiver comme été habillent tous les garçons de notre époque.

poudre. Les enfants y découvrent une corde à sauter, une voiture, un sifflet, un puzzle miniature et bien d'autres jouets. Le « cadeau Bonux » est la star des cours de récréation, et la « lessive-cadeau » devient leader du marché français en 1960.

Le premier dimanche de l'Avent sonne le commencement des préparatifs de Noël. Mon père grimpe sur l'escabeau pour attraper les vieilles boîtes en carton soigneusement étiquetées, conservées tout en haut de l'armoire. Y dorment les boules multicolores, dorées ou argentées, les guirlandes lumineuses et l'étoile du berger que nous accrocherons à un grand sapin trônant dans le salon. La crèche provençale livre ses santons pittoresques, dont nous connaissons tous les noms. Marie, Joseph, le bœuf et l'âne sont dans la grotte. À l'entrée attendent le ravi, l'ange Boufareu, le tambourinaire, le porteur d'eau, l'aveugle et son fils, la bohémienne, la lavandière... Une fois froissé, le papier crèche tout neuf imite les collines, sur lesquelles avancent en file indienne les rois mages. Ils n'arriveront à la grotte que le 6 janvier, jour de l'Épiphanie. Le petit Jésus rejoindra le bœuf et l'âne à minuit tapant. Après la messe, un délicieux bouillon servi avec des gâteaux salés clôt la soirée. Chez nous, on ouvre les cadeaux le 25 décembre au matin : le petit Jésus le soir, le père Noël le lendemain.

La décoration du sapin de Noël par « Davy Crockett ».

Gérard Philippe et Jeanne Moreau dans une scène du *Prince de Hombourg*, 1952.

La mort de Gérard Philippe

Elles raffolaient toutes de lui. De sa grâce juvénile, de son sourire, de sa voix, de son jeu d'acteur. L'« ange foudroyé », le « héros romantique », meurt le 25 novembre 1959, à l'âge de trente-sept ans, d'une crise cardiaque. Cet acteur surdoué acquiert très tôt l'étoffe d'un grand comédien, enchaînant durant seize ans les tournages et les mises en scène pour le théâtre. Caligula *d'Albert Camus est son premier succès, en 1945, suivi d'une interprétation de* L'Idiot *de Dostoïevski l'année suivante. En 1951, il incarne Rodrigue dans* Le Cid *de Corneille puis le prince de Hombourg dans des mises en scène de Jean Vilar. Au cinéma,* Fanfan la Tulipe *bat des records d'entrée. Il joue avec les plus grandes stars (Michèle Morgan, Maria Casarès, Micheline Presle, Jeanne Moreau, Danielle Darrieux), et interprète plusieurs héros de la littérature : Fabrice del Dongo dans* La Chartreuse de Parme *(1947), Julien Sorel dans* Le Rouge et le Noir *(1954), Octave dans* Les Caprices de Marianne *(1958) et Perdican dans* On ne badine pas avec l'amour, *son dernier rôle. Acteur engagé, militant pacifiste, il prend fait et cause pour divers mouvements politiques et sociaux, affiche clairement ses opinions de gauche, et s'engage dans le syndicalisme en 1957. Revêtu de sa tenue du Cid – velours noir et cape rouge – il repose aujourd'hui dans le cimetière de Ramatuelle.*
Sa voix reste inoubliable dans Le Petit Prince *d'Antoine de Saint-Exupéry ou* Pierre et le loup *de Serge Prokofiev. À l'instar de James Dean, il est entré dans la légende des stars du cinéma des années cinquante.*

Sergent Major, billes et tapioca

Une classe de CP en 1961. En blouse, la plume à la main, prêts à tracer de belles lettres.

À la grande école !

J'entre en cours préparatoire, à l'école des garçons. Nous apprenons à lire avec Rémi et Colette, et ânonnons en cœur « Ré-mi bê-che et Co-le-tte sè-me ». On collectionne les « images » distribuées avec parcimonie aux enfants attentifs. L'école marche à coups de bons points, de séjours au coin, de prix d'excellence ou de privation de récréation. À la fin de l'année, les bons élèves rosissent de plaisir en recevant des mains du directeur un bel album

Chronologie

12 août 1961
Construction du mur de Berlin entre la zone d'occupation soviétique et la zone sous contrôle américain, anglais et français, avec interdiction de circuler librement entre les deux parties de la ville.

18 mars 1962
Signature des Accords d'Évian : la France s'engage à évacuer progressivement ses troupes d'Algérie et à maintenir son aide économique pendant trois ans.

14-16 octobre 1962
Crise des missiles de Cuba entre Washington et Moscou – la troisième guerre mondiale est évitée de peu.

3 juin 1963
Mort du pape Jean XXIII à quatre-vingt-un ans, après cinq ans de pontificat. Avec l'ouverture du Concile Vatican II, il a entamé la modernisation de l'Église.

16 juin 1963
La soviétique Valentina Terechkova, vingt-six ans, est la première femme à partir dans l'espace, à bord du vaisseau *Vostok VI*.

22 juin 1963
Concert en plein air gratuit sur la place de la Nation à Paris, organisé à l'occasion du premier anniversaire de « Salut les copains », l'émission radio de Daniel Filipacchi. Un événement sans précédent dans l'histoire de la chanson.

5 août 1963
Le Traité de Moscou, qui interdit les essais nucléaires en surface, est signé au Kremlin par les États-Unis, l'Angleterre, l'Union soviétique et une centaine d'autres États, à l'exception remarquée de la France et de la Chine.

11 octobre 1963
Mort le même jour de la chanteuse Édith Piaf et de son ami Jean Cocteau, écrivain, peintre, dessinateur, chorégraphe et cinéaste.

22 novembre 1963
Assassinat du président américain John F. Kennedy, quarante-six ans, à Dallas, au Texas.

19 décembre 1965
Le général de Gaulle est réélu président de la République française au second tour, avec 54,5 % des voix contre 45,5 % pour François Mitterrand.

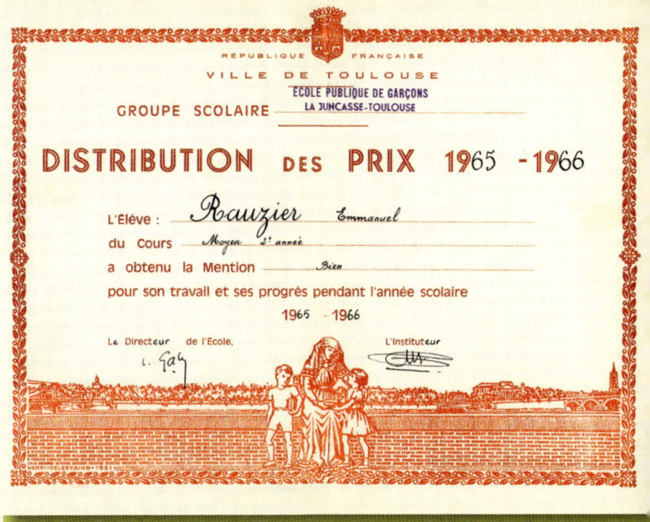

RÉPUBLIQUE FRANÇAISE
VILLE DE TOULOUSE
GROUPE SCOLAIRE ÉCOLE PUBLIQUE DE GARÇONS LA JUNCASSE-TOULOUSE

DISTRIBUTION DES PRIX 1965 -1966

L'Élève : Rauzier Emmanuel
du Cours Moyen 2e année
a obtenu la Mention Bien
pour son travail et ses progrès pendant l'année scolaire
1965 - 1966

Le Directeur de l'École, L'Instituteur

Distribution des prix.

illustré. Le billet écrit à la main et scotché sur la dernière page mentionne un « Premier prix de lecture » ou un « Deuxième accessit de politesse ». Mais il y aussi les brimades ordinaires : la claque par derrière et la règle en fer, appliquée d'un coup sec sur le bout des doigts « bien rassemblés ». On ne dit rien de cette violence coutumière à la maison. « Qui a eu cette idée folle un jour d'inventer l'école ? Sacré sacré Charlemagne… », chante France Gall.

Sur le tableau noir, crisse la craie blanche. Pendus aux murs, la carte de France tirée à quatre épingles, les muscles et les vaisseaux sanguins du corps humain, la vie des abeilles et les métamorphoses de la grenouille. La plume Sergent major, trempée dans un encrier de faïence blanche encastré dans le pupitre, remplit avec maladresse des cahiers Calligraphe. Les buvards couverts de publicité absorbent par magie les pâtés malencontreux. Le Bic de Marcel Bich a déjà fait son apparition en France, mais l'Éducation nationale rechigne à renoncer à la plume et aux élégants pleins et déliés.

Pendant les « leçons de choses », on ramasse des feuilles de châtaigniers, observe la disposition des nervures, la forme des limbes, on les dessine, les met à sécher entre deux pages, les colle dans un cahier ; on scrute l'évolution des haricots blancs qui, déposés sur du coton hydrophile imbibé d'eau, vont se transformer en tiges blanches et petites feuilles vert tendre ; on contemple les têtards en espérant les voir se changer sous nos yeux en grenouilles. Le « par cœur » est de rigueur. Nous savons tout des fleuves et de leurs affluents, de « La Cigale et la Fourmi », des départements français, des compléments circonstanciels et des sujets inversés.

À la récréation, on joue aux cow-boys et aux Indiens, on s'échange des petits soldats. Le jeu étant de les aligner avant d'envoyer d'une pichenette une bille vers la cible choisie. Le soldat ainsi touché appartient au tireur ! La comptine « Am stram gram pic et pic et colegram... » rythme les tours. Agates de verre contre billes en terre. Dans la cour contiguë, sur les marelles tracées à la craie, les filles sautillent à cloche-pied, à deux pieds, terre, ciel... « Tu as marché sur les traits ! Passe ton tour ! » Elles sautent dans des élastiques ou à la corde, tressent des scoubidous colorés ou se récitent des comptines d'une voix machinale en se tapant dans les mains de plus en plus rapidement.

À la maison, la famille s'est agrandie avec l'arrivée d'une autre petite sœur, aussi blonde que l'aînée est brune. Quand elle pleure, on dirait un agneau qui bêle.

Pas question de se chamailler pour savoir qui portera la petite dernière. Chacun aura son tour.

Les derniers jours de l'Algérie française

Le référendum sur l'autodétermination de l'Algérie, décidé par le général de Gaulle, est approuvé par 75 % des Français. En réponse à la « trahison » du gouvernement français, le quarteron des « généraux en retraite », Challe, Jouhaud, Zeller et Salan, tente un putsch à Alger, le 21 avril 1961, pour empêcher l'Algérie d'accéder à l'indépendance. Condamnés puis amnistiés, les plus acharnés d'entre eux entrent dans la clandestinité et se regroupent au sein de l'OAS (Organisation armée secrète). Sur le sol algérien s'affrontent dès lors dans le sang, des groupes terroristes français (OAS) et musulmans (FLN), les colons et l'armée française. Le 18 mars 1962, les Accords d'Évian sont signés entre le gouvernement français et le GPRA (Gouvernement provisoire de la République algérienne), stipulant l'entrée en vigueur du cessez-le-feu. Celui-ci ne sera jamais respecté, ni par le FLN ni par l'OAS. À Paris, une manifestation pour la paix, interdite par les autorités et réprimée par la police, fait neuf morts au métro Charonne. Le 26 mars, à Alger, la guerre continue avec la fusillade, dans la rue, de manifestants civils d'Isly par des soldats français paniqués. Pieds-noirs et harkis s'exilent massivement en métropole, où ils sont très mal accueillis. Le 1er juillet 1962, la quasi-totalité des Algériens se prononce pour l'indépendance. Le 26 septembre, Ahmed Ben Bella, chef de l'Armée de libération nationale, est élu Premier ministre de la République d'Algérie.

Lucarne magique et lectures édifiantes

Dubitatif sur l'intérêt de la télévision, mon père fait de la résistance. Il finit par se résigner en nous voyant franchir la haie du jardin à la moindre occasion pour aller la regarder chez les voisins. Notre premier poste fait son entrée à la maison en 1961, mais sous contrôle ! Il est doté d'un volet fermé à clé, et un petit carré blanc qui vient tout juste d'apparaître à l'écran signale les émissions déconseillées aux enfants. Le mercredi soir rassemble tout le monde devant « La Piste aux Étoiles » avec Roger Lanzac, dont l'enthousiasme est communicatif, même en noir et blanc. Le dimanche après-midi, Pierre Tchernia commente « L'Ami public numéro un », avec des dessins animés de Walt Disney. « Thierry la Fronde » remporte tous les suffrages. Le Robin des Bois national, défenseur des opprimés et amoureux de la belle Isabelle, devient mon idole. Affublé de sa tunique ornée d'une médaille, une fronde à la main, je tonne à tout bout de champ : « Prenez garde messire Florent, prenez garde, Prince Édouard, Thierry de Janville n'est plus, mais il reste Thierry la Fronde ! »

Marylin Monroe. La mort de l'icône des années cinquante, si glamour, fait prendre conscience au monde de son immense solitude.

Mes sœurs regardent « Bonne nuit les petits », les yeux déjà emplis de sable doré. C'est l'heure où l'affectueux Nounours envoie de sa grosse voix Nicolas, Pimprenelle et tous les enfants de France se coucher : « Faites de beaux rêves. » Dans « Cinq colonnes à la Une », les sujets d'actualité les plus variés sont traités avec une grande liberté de ton. On y parle beaucoup du drame algérien, qui domine toute la vie politique française – putsch, discours, barricades, attentats terroristes, sans oublier le Petit-Clamart et l'attentat manqué de l'OAS contre le général de Gaulle. En 1962, les reportages se succèdent sur la mort mystérieuse de Marylin Monroe, à peine âgée de trente-six ans.

Entre sept et dix ans, je découvre avec passion le Lego, emboîtant patiemment les petites briques de couleurs vendues en vrac, puis les premiers modèles livrés avec une notice d'assemblage. Pour mes huit ans, mes parents m'offrent un petit Lego transparent dans lequel s'encastre une ampoule. En la branchant sur une pile de 12 volts, je peux éclairer ma maisonnette de briques rouges, blanches et jaunes. Magique. Mon frère a une idée brillante : si on branchait les fils de l'ampoule sur la prise 220 volts pour faire davantage de lumière ? Devant mon ampoule carbonisée, je reste inconsolable, et ma confiance envers les aînés est sérieusement ébranlée.

Mes soeurs ont leurs poupées Bella que ma mère habille de vêtements cousus main grâce aux patrons de *Modes et Travaux*. Clac clac clac… Juchées sur des hauts talons aiguille, elles jouent à la marchande en appuyant sans cesse sur leur petite caisse enregistreuse d'épicier. « La viande est tendre aujourd'hui ?
– Oui, et les haricots sont sans fils. » Elles jouent aussi beaucoup à la dînette et je suis leur cobaye préféré pour goûter l'infâme mixture faite de terre et de sable mouillé. « On dirait que ce serait de la crème au chocolat… »

Sept ans : je prépare ma première communion, non sans angoisse : « Vais-je savoir avaler l'hostie sans la croquer ? » À la messe du dimanche, le curé poinçonne nos cartes de présence et interpelle tout haut les retardataires qui se changent en pivoines. À confesse, on s'invente des péchés pour avoir quelque chose à dire.

Les garçons ne sont pas avares de jeux idiots : on se place à deux à l'intérieur d'un pneu, en le maintenant autour de la taille et on court le plus vite possible. Chute assurée ! On se bagarre aussi à coups de bouses de vaches bien sèches ou de pommes pourries. C'est notre « guerre des boutons » à nous. À la kermesse annuelle, où garçons et filles jouent à la pêche à la ligne et se barbouillent les joues de barbe à papa, on peut acheter des billets de tombola, dont le gros lot est une petite chèvre.

Toutes les semaines, on guette *Fripounet et Marisette* dans la boîte aux lettres pour y dévorer les aventures de Sylvain et Sylvette. Puis vient le temps de *Tintin*, *Blake et Mortimer*, *Alix l'intrépide* et du *Journal de Spirou*, avec les Schtroumpfs, Gaston Lagaffe et le Marsupilami.

La romancière anglaise Enid Blyton berce nos premières lectures d'enfance en nous plongeant dans un monde heureux, lisse et insouciant, où la morale est toujours sauve. Après *Oui Oui au pays des jouets* et *La Famille Tant mieux*, la vie devient plus excitante avec *Le Club des Cinq*. Le joyeux Mick, le raisonnable François, Annie la naïve, Claude la garçonne et le chien Dagobert donnent envie d'être détective. Fantômette, écolière le jour, justicière masquée la nuit, est l'idole des filles qui rêvent d'émancipation. Les livres de la comtesse de Ségur nous plongent dans une époque gentiment désuète où l'on vouvoie ses parents et reçoit des châtiments corporels. À l'optimisme naïf de ces premières lectures, succède la noirceur de *Sans Famille*, *David Copperfield* ou *La Case de l'Oncle Tom*.

Une guerre froide à son apogée

La course aux étoiles entre les États-Unis et l'URSS bat son plein. En avril 1961, le Soviétique Youri Gagarine est le premier homme à voyager dans l'espace. L'Américain John Glenn ne renouvelle l'exploit qu'un an plus tard. Dans l'intervalle, Kennedy lance le programme Apollo et affirme qu'un Américain marchera sur la Lune avant la fin de la décennie. En août 1961, un « rideau de fer » de plus de 40 km tombe sur Berlin. Khrouchtchev en a décidé la construction pour séparer la zone soviétique des zones occidentales et stopper l'émigration des citoyens est-allemands. Kennedy en profite pour clamer, lors d'un voyage à Berlin-Ouest, son hostilité au régime communiste : « Tous les hommes libres sont citoyens de Berlin et je suis fier de dire en homme libre : "Ich bin ein Berliner !" » Ces confrontations ne sont rien à côté de la crise des missiles de Cuba, en octobre 1962. Le bras de fer entre Kennedy et Khrouchtchev fait prendre conscience au monde entier du pouvoir des deux superpuissances, qui jouent seules la partition politique des continents.

John F. Kennedy à Berlin en 1963, dénonçant la construction du « Mur de la honte ».

Crise et monde en deuil

« On a frôlé la guerre », « on a eu chaud », entend-on à la maison, à la fin de ce mois d'octobre 1962. La découverte, à Cuba, de rampes de lancement de missiles visant les États-Unis, provoque la stupeur dans le monde entier.

La femme et les enfants de John F. Kennedy le jour de ses funérailles.L'assassinat du président John F. Kennedy, le 22 novembre 1963, fait la une de tous les journaux.

Kennedy réplique en annonçant un blocus naval sur l'île et menace les Soviétiques de représailles nucléaires. La tension monte, les navires russes s'approchent de Cuba. Khrouchtchev propose un compromis : le démantèlement des missiles de Cuba contre la promesse américaine de ne pas envahir l'île et de retirer ses fusées installées en Turquie et en Italie.

Un an plus tard, le 22 novembre 1963, la télévision reste exceptionnellement allumée. Les mêmes images font le tour du monde : le tailleur Chanel rose de Jackie Kennedy taché de sang ; le petit John-John, trois ans, faisant le salut militaire devant la dépouille de son père… Le monde pleure le président des États-Unis, John F. Kennedy, assassiné dans sa limousine décapotable en plein cœur de Dallas. Sa jeunesse, l'image idyllique de sa famille, sa stature de défenseur des libertés et ses capacités d'orateur en ont fait un personnage hautement charismatique, un symbole du rêve américain. Son assassin présumé, Lee Harvey Oswald, arrêté le jour même, est à son tour assassiné par Jack Ruby.

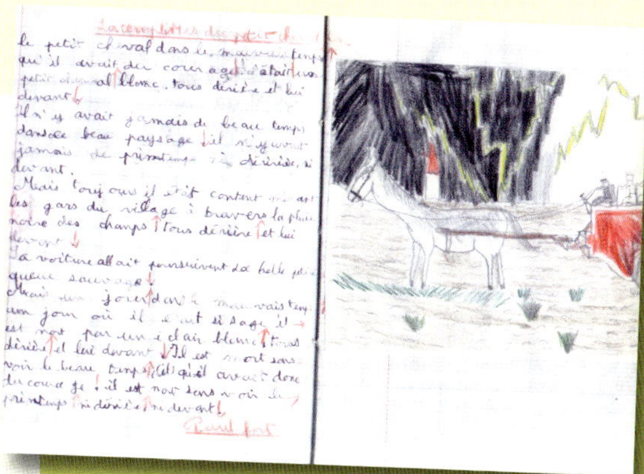

Cahier de poésie à l'école primaire.

La table familiale

À table, où les aînés monopolisent les conversations, nos parents décident de nous donner la parole à tour de rôle. Mais lorsque vient notre tour, nous avons souvent oublié ce que nous voulions dire. Seule ma sœur se défend en disant ce qui lui passe par la tête : « Est-ce que les chameaux mangent des petits-suisses ? », questionne-t-elle très sérieusement du haut de ses quatre ans. Lorsque la tension monte, mon père élève la voix : « Concours de silence ! » Nous adorons ce moment, car durant les trois secondes qui précèdent l'envoi du concours, nous avons tous le droit de hurler. Au silence succèdent les grimaces et les débuts de fou-rire. « On s'arrête quand ? », demande la petite dernière.

Pour ce qui est de la nourriture, pas question de faire les difficiles. On mange de tout, on ne gâche pas en souvenir des périodes de guerre, et on termine toujours son assiette par respect pour les petits Chinois qui meurent de faim. Un repas sans soupe n'est pas envisageable : ça fait grandir. Seule ombre au tableau, ces petits yeux de grenouille gélatineux nommés tapioca, versés dans le liquide pour l'épaissir, qui ont traumatisé nombre d'entre nous. Heureusement, il y a le poulet rôti du dimanche, délicieux surtout s'il est accompagné de purée, dans laquelle on creuse un petit trou pour recevoir le jus. Avec les pâtes alphabet, nous écrivons notre prénom sur le bord de l'assiette. On déteste la sanction « Privé de dessert ! », car les desserts de ma mère sont fameux : meringues, crème au chocolat, savarin, tarte aux pommes, riz au lait...

Le goûter reste le moment le plus merveilleux de la journée, surtout lorsqu'il fait assez beau pour l'emporter dans le jardin. On savoure son pain garni de chocolat, sa tartine de beurre saupoudrée de Banania sur laquelle on fait « po-pof » en soufflant en direction du voisin. Nous rongeons les quatre coins des Petit Beurres Lu avec dextérité : c'est à qui transformera le mieux les rectangles dentelés en carte de France.

Le mois de décembre 1965 ne ressemble à aucun autre. La sérénité familiale habituelle laisse place à des gesticulations paternelles au sujet des prochaines élections présidentielles. Le général de Gaulle est convaincu de l'emporter une nouvelle fois au premier tour : « C'est moi ou le chaos. » Le 5 décembre, de Gaulle se retrouve pourtant en ballottage avec François Mitterrand. Son autorité en prend un coup, mais il est élu – pour la première fois au suffrage universel direct – le 18 décembre.

C'est l'âge d'or des familles nombreuses et des looks sages.

La célèbre Mary Poppins, qui fait tenir sa maison dans son sac. Ici, Julie Andrew et Dick van Dyke.

La génération Teppaz

En 1964, une deuxième chaîne de télévision en noir et blanc est inaugurée. Noëlle Noblecourt, présentatrice de « Télé dimanche », est licenciée pour avoir montré ses genoux – un an avant l'avènement de la mini-jupe ! Avec son sourire dentifrice, sa cape et son masque noir, Zorro fait la loi à l'écran et nous entonnons d'une voix qui se veut virile « Un cavalier, qui surgit hors de la nuit / court vers l'aventure au galop… » L'idole des filles, c'est l'élégante et excentrique Mary Poppins. Mes sœurs chantonnent sur tous les tons « Supercalifragilisticexpialidocious ». « Belle et Sébastien » et « Lassie chien fidèle » font pleurer tout le monde, « Belphégor ou le fantôme du Louvre » nous plonge dans un Paris hanté.

C'est l'heure des yéyés. Une explosion de jeunes talents qui ont l'âge de leurs fans. Avec sa coiffure « choucroute » et ses couettes, sa jupe de lycéenne sage et son chemisier blanc, Sheila fait fureur. « L'école est finie » et « Pendant les vacances » passent en boucle sur le Teppaz. Même chose pour Sylvie Vartan, en jupe cloche, qui murmure « Tous mes copains… » France Gall remporte le grand prix de l'Eurovision avec « Poupée de cire, poupée de son ». Gilbert Bécaud chante « Nathalie », Christophe préfère pleurer « Aline ». Avec Eddy Mitchell, Johnny est déjà le leader incontesté du rock *made in France*, « l'idole des jeunes ». Avec Sylvie qu'il épouse en 1965, ils font les beaux jours de *Salut les copains*.

Les « quatre garçons dans le vent », dans leur gentil costume gris à col Mao, provoquent l'hystérie avec leur nouvel album *Help*, mais plaisent même aux parents. Pour se démarquer, les Rolling stones font les mauvais garçons dans des tenues de rebelles, déchaînant les foules avec « Satisfaction ».

Mariage de Sylvie Vartan et Johnny Hallyday en 1965.

Les vacances à la mer, un long mois de bonheur.

Vacances et fin de primaire

Tandis que Louis de Funès traque les premiers nudistes dans *Le Gendarme de Saint-Tropez*, mon père nous apprend à nager, une main sous le menton, l'autre à la taille. Une consigne obligatoire : pour se baigner, attendre trois heures après le repas ! Nous en profitons pour enfiler nos « Méduses », des sandales en plastique, et nous nous échappons dans les rochers, un sandwich jambon-sable à la main.

En dernière année de primaire, je goûte aux joies de la cantine : aux cavalcades vers le réfectoire, aux pieds de chaises raclant le carrelage, au brouhaha de voix aiguës et de couverts maltraités. Au chou-fleur aigre, à la viande dure comme de la semelle, à la macédoine de légumes nageant dans la mayonnaise et au poisson pané à la béchamel...

Ma mère commence à porter des pantalons, ce que mon père ne voit pas d'un très bon œil – c'est trop

Jacques Anquetil et Raymond Poulidor pendant le Tour de France de 1964.

masculin ! En 1965, Courrèges et Yves Saint Laurent font pourtant entrer ce vêtement dans la haute couture féminine. Mais les femmes connaissent cette année-là une émancipation autrement plus valorisante : elles obtiennent le droit d'ouvrir un compte en banque à leur nom, et d'exercer une profession sans l'autorisation de leur mari !

Nostalgie de fin de vacances.

La Beatlemania

Huit ans de carrière, 13 albums, plus de 200 chansons… les Beatles sont indéniablement les stars des années soixante. Leur premier 45 tours, « Love me do », sort le 5 octobre 1962, suivi l'année suivante par « Please Please me ». Dès 1963, leur popularité se répand dans tout le Royaume-Uni et « She loves you » est classé n°1 au hit-parade. Shows télévisés, disques, concerts et sessions d'enregistrement s'enchaînent à un rythme effréné. En 1964, ils traversent l'Atlantique : « I want to hold your hand » se classe en tête du marché américain, avec un million d'exemplaires vendus. La « Beatlemania » devient mondiale. Mais les concerts démesurés, la sono médiocre, l'hystérie, les hurlements qui couvrent la musique, les menaces, les émeutes, épuisent le groupe qui décide d'arrêter les concerts en août 1966. Il se consacre désormais aux enregistrements en studio, privilégiant une qualité sonore de plus en plus sophistiquée. Sgt. Pepper's Lonely Hearts Club Band*, album-concept d'une exceptionnelle richesse musicale, est leur chef-d'œuvre. Le groupe se sépare en 1970.*

Les Beatles en concert à Munich en 1966.

1966-1969

Vent de liberté sur le collège

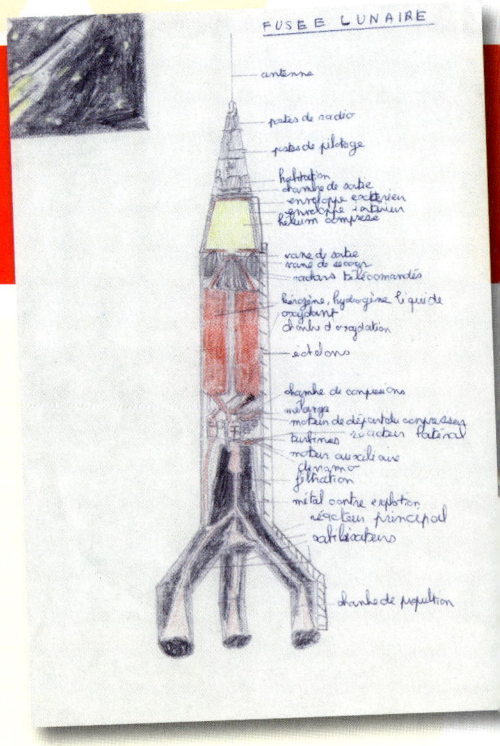

Nous rêvons tous d'être astronaute, et notre imagination n'a pas de limite pour bâtir des fusées sur le papier.

Des fusées plein les yeux

J'entre en sixième dans un CES (Collège d'enseignement supérieur). Les maths et l'anglais m'enthousiasment, mais je peine sur la prose de Corneille. Je reprends courage avec Molière : dans *Le Bourgeois gentilhomme*, dont nous donnons une représentation de-vant un parterre de parents, j'endosse le rôle du vaniteux, monsieur Jourdain. Affublé d'une tenue de mamamouchi, je danse à la turque en clamant « Hou la ba, ba la chou, la ba, ba la, ba la da… » Et en cabotinant tellement que je me prends les pieds dans les pans de mon turban et m'étale par terre au milieu des rires.

Chronologie

18 août 1966
Des millions de jeunes gardes rouges acclament Mao et sa Grande Révolution culturelle prolétarienne en brandissant le *Petit Livre rouge* ; celui-ci remet en cause les valeurs occidentales, les intellectuels, les élites du parti et le patrimoine.

18 mars 1967
Le naufrage du pétrolier libérien *Torrey Canyon* déclenche une marée noire sur les côtes anglaises et françaises.

21 avril 1967
Coup d'État des colonels en Grèce et instauration d'une dictature pro-américaine, le Régime des colonels.

5-10 juin 1967
Guerre des Six Jours entre Israël et ses voisins arabes. Israël quadruple son territoire en s'emparant du Sinaï égyptien, du plateau syrien du Golan, de la Cisjordanie, de Gaza et de Jérusalem Est. Le 22 novembre, la résolution 242 de l'ONU exige la restitution des territoires occupés par Israël (qui ne restituera que le Sinaï).

6 juillet 1967
Début de la guerre civile au Biafra, qui fera plus d'un million de morts entre 1967 et 1970.

28 décembre 1967
Vote de la loi Neuwirth qui autorise la contraception en France.

4 avril 1968
Assassinat de Martin Luther King à Memphis dans le Tennessee.

Mai 1968
Révolte des étudiants et des ouvriers, et grève générale en France.

20-21 août 1968
Écrasement du Printemps de Prague en Tchécoslovaquie par les forces du Pacte de Varsovie.

21 juillet 1969
Les images des premiers pas sur la Lune de Neil Armstrong et Edwin Aldrin sont retransmises dans le monde entier. C'est une victoire décisive des États-Unis dans la course aux étoiles avec l'URSS.

À la sortie du collège, nous nous ruons dans la boulangerie d'en face et nous régalons de coquillages roudoudous aromatisés fraise, citron, orange ou caramel, sur lesquels on finit toujours par se couper la langue ; de cocos boers, cette poudre de réglisse ocre à l'anis, que l'on déguste d'un doigt mouillé jusqu'à l'écœurement ; de Mistral gagnants et leur poudre pétillante aspirée à la paille. Si le mot « gagné » s'inscrit sur le sachet en papier, le prochain sera gratuit. Les filles préfèrent les colliers de bonbons qu'elles croquent assidûment à petits coups de dents, les cigarettes en chocolat, les malabars aux bulles roses qui claquent en crevant ou les fraises bien chimiques qui peignent joliment leurs lèvres en rouge.

Nos années collège sont marquées par l'évolution de la technique, par la certitude que le progrès assurera le bonheur de l'humanité et résoudra tous les problèmes. Je dévore Jules Verne et son œuvre prémonitoire *De la terre à la Lune*. L'obus envoyé sur la Lune, avec trois hommes à son bord, habillés à la Sherlock Holmes, ressemble à s'y méprendre à une cabine Apollo. Je relis cent fois *Objectif Lune* et *On a marché sur la Lune*. La fusée tripode, les scaphandres de Tintin et de ses compagnons, le char qui explore le sol lunaire, tout me semble plausible. À douze ans, des fusées plein les yeux, je m'imagine déjà ingénieur de la NASA et ose des expériences désastreuses. Je mets ainsi le feu à une pompe à vélo remplie de chlorate de soude et de sucre posée sur un arrosoir d'alcool à brûler – et à ma main par la même occasion.

Beatniks et agents secrets

Joan Baez, la grande voix du folk américain des années soixante.

Un vent de liberté effleure nos petites têtes. « Ma mère m'a dit Antoine fais toi couper les cheveux, je lui ai dit, ma mère, dans vingt ans si tu veux... » Avec ses chemises à fleurs roses ou turquoise, ses pantalons pattes d'eph' et son harmonica accroché au cou, Antoine bouscule le monde gentillet des chanteurs yéyés, et le nôtre par la même occasion. Scandalisée par ses manières, ma grand-mère se dit prête à lui offrir le coiffeur.

Une petite faille commence à s'ouvrir dans la toute-puissante autorité morale des adultes. La culture du « flower power » a franchi l'Atlantique, prônant l'amour et la paix, l'hindouisme, les cheveux longs, la barbe au vent et le LSD. Entre folk, rock et country, Bob Dylan et Joan Baez puisent leur inspiration auprès d'écrivains de la *Beat generation* comme Jack Kerouac et Allen Ginsberg, et s'engagent pacifiquement auprès de Martin Luther King ou contre la guerre au Vietnam. On fredonne avec Scott McKenzie « If you're going to San Francisco », l'hymne du « Summer of love » californien lancé par les hippies en été 1967.

« Tu es coiffé comme un Beatnick ! », s'écrient mes parents à la vue de mon frère aîné, dont les cheveux s'allongent timidement dans la nuque. Les cheveux longs, c'est pour les voyous au look débraillé, les chanteurs pop hirsutes et anglophones. Avec son allure de gendre idéal – pantalon gris et blazer bleu –, l'air éperdument désinvolte, Jacques Dutronc passe mieux.

Ces années sont très riches en feuilletons télévisés. Après « Flipper le dauphin », qui part au secours des nageurs en difficulté, « Skippy le kangourou » bondit dans le bush australien. John Steed, l'agent secret de « Chapeau melon et bottes de cuir », manie le parapluie comme personne. Nous regardons aussi « Vidocq », le policier ex-bagnard, roi des arnaques et des déguisements, « Mission impossible » et son générique inimitable, et « Les

Chevaliers du ciel », qui remportent tous les suffrages au collège. Prostrées devant « L'âge heureux », les filles rêvent en tutu et pointes à leur avenir de petits rats de l'opéra.

Famille éléphant, le père, la mère et les cinq enfants...

Chabadabada... La mélodie entêtante d'*Un homme et une femme* de Claude Lelouch est primée à Cannes. Les westerns spaghetti sont à la mode, mais j'ai une nette préférence pour les films comiques – *Le Corniaud* ou *La Grande Vadrouille*, avec Louis de Funès. Le dernier Walt Disney, *Le Livre de la jungle*, remporte un franc succès. C'est à qui imitera le mieux l'ours Baloo ou les yeux hypnotiseurs du python Kaa.

Au collège, *Salut les copains* circule. C'est la gazette de la génération yéyé en France. Tout est dit sur les amours déçus de Claude François, les frasques de Johnny, la semaine de Sheila au Danemark ou les vacances de Mireille sous les tropiques... Je trouve tous ces chanteurs ringards, et préfère nettement les Doors ou « Mrs Robinson » de Simon and Garfunkel. Après *Tintin*, « le journal des jeunes de 7 à 77 ans », *Pilote* devient mon journal de chevet. On y parle d'aventure, de science-fiction, et l'actualité y est croquée avec une ironie critique. Je ne rate pas un épisode de la « Rubrique à brac » avec Isaac Newton et la petite coccinelle aux yeux tombants qui rajoute son grain de sel à tout propos.

Anouk Aimée et Jean-Louis Trintignant dans *Un homme et une femme* de Claude Lelouch.

Martin Luther King devant le Lincoln Memorial à Washington.

La fin d'un rêve

Le 4 avril 1968, Martin Luther King est assassiné par un fanatique sur le balcon de son hôtel à Memphis. Il a trente-neuf ans. Né à Atlanta, ce pasteur noir américain remporte sa première victoire contre la ségrégation raciale en Alabama, en 1956. Il organise le boycott de la compagnie d'autobus de Montgomery qui conservait une cloison de séparation entre blancs et noirs. En 1957, il fonde la Conférence des leaders chrétiens du Sud (SCLC) et prend la tête du Mouvement des noirs pour l'égalité des droits civiques, prônant la désobéissance civile non-violente. Sa maison est dynamitée, il est poignardé, menacé et emprisonné à plusieurs reprises, mais continue d'organiser des marches de protestation et des sit-in *pacifiques dans plusieurs villes américaines. Les scènes de violence policière et les centaines d'arrestations retransmises par les médias provoquent des réactions scandalisées dans le monde entier. Soutenu par John F. Kennedy, Martin Luther King conduit, le 25 août 1963, une marche pour le travail et la liberté vers Washington. Son discours devant 250 000 personnes au pied du Lincoln Memorial est resté célèbre : « I have a dream… »*
Le 14 octobre 1964, il reçoit le prix Nobel de la paix pour son combat contre le racisme et la non-violence aux USA. Après sa mort, la colère provoque de nombreuses émeutes aux États-Unis. 300 000 personnes assistent à ses funérailles.

La nature, les scouts et les animaux

Nombre d'entre nous sont inscrits aux scouts. Pataugas aux pieds, culottes courtes en velours côtelé, chemise beige, chaussettes montantes, béret bleu marine et foulard autour du cou, nous nous engageons à aimer et protéger la nature, à respecter les autres et à nous rendre utile. Écolos avant l'heure, nous apprenons à vivre dans la forêt, à ne couper que du bois mort, à ne pas laisser d'ordures derrière nous et à bâtir nos propres meubles avec les moyens du bord. Les tentes sont trempées dès la première pluie, l'orage gronde parfois au-dessus des patates anti-tonnerre plantées sur les mâts, et nous rentrons toujours crottés, transis mais heureux. À la veillée, autour du feu de camp, il y en a toujours un pour accompagner nos braillements à la guitare, et tout le répertoire d'Hugues Auffray y passe : « Santiano », « L'Épervier », « Debout les gars »...

La nature fait son entrée à la maison sous la forme d'un poisson rouge un peu patraque qui se languit dans un pot à confiture. Un jour où il ne bouge vraiment plus, on tente avec mes frères de le ranimer en le passant sous l'eau froide du robinet, puis songe à lui administrer du courant électrique à l'aide d'une pile. Heureusement, le poisson s'empresse de reprendre vie. La relève est assurée par quelques couleuvres ramassées au cours d'une marche par le cadet, fou d'animaux. Mes parents soupirent mais acceptent leur présence à condition qu'elles soient enfermées dans des vivariums. Construits par mon frère, ces derniers ne sont pas très étanches : quand une couleuvre s'échappe, c'est le branle-bas de combat à l'étage. Mon père s'étonne de voir ses filles regarder derrière les radiateurs d'un air innocent. « Que cherchez-vous

Le piano, un formidable moyen de se défouler. Pauvre Mozart !

Soleil impitoyable, montées raides et caillouteuses, la montagne se mérite.

à la fin ? – Rien, rien ». Les fugitives réapparaissent dans des recoins inimaginables : enroulées autour d'une lampe de chevet ou lovées dans un plat de la cuisine.

En 1968, nous visitons la réserve de Thoiry qui vient d'ouvrir à l'ouest de Paris, avec un slogan révolutionnaire : « L'homme est en cage, les animaux sont en liberté. » Girafes hautaines, autruches capricieuses, lions et chameaux lymphatiques défilent comme au cinéma derrière les vitres de la voiture, sous nos yeux ébahis.

Collégien en mai 1968

Le monde est pris de fièvre. Dans tous les magazines s'étale un photojournalisme en plein essor. Des civils vietnamiens meurtris par la guerre, le regard des enfants squelettiques du Biafra... L'assassinat de Martin Luther King suscite une flambée de violence en Amérique. Deux mois plus tard, c'est au tour de Robert Kennedy, l'héritier du « clan », cinq ans après son frère John. Cette année-là aussi, gronde la révolte tchèque. Le Printemps de Prague sera écrasé par les chars soviétiques.

Pendant ce joli mois de mai éclaboussé de soleil, la jeunesse, coincée entre capitalisme à l'Ouest et dictature à l'Est, se soulève en France, en RFA, en Italie, en Espagne, aux États-Unis, au Japon. L'essence est rationnée, l'économie paralysée. Je vois bien que mon père est sombre et mes frères aînés euphoriques. J'écoute les propos alarmistes sans en comprendre les

Manifestants étudiants contre les forces de l'ordre à Paris, le 6 mai 1968.

enjeux. « Le petit père de Gaulle, il est mal barré ! » lance un ami de mes parents. « Ces gauchistes qui veulent détruire la France ! » s'écrie un autre. « Voitures brûlées », « casseurs », « maoïstes », « trotskistes », « anti-impérialistes »..., les mots s'emmêlent dans ma tête.

À la télévision, on regarde avec stupeur les manifestations parisiennes, les barricades de voitures qui s'élèvent dans les rues, les affrontements entre étudiants et CRS déguisés en légionnaires romains, Dany le rouge à la tête des « enragés », les gaz lacrymogènes, les lancers de pavés, les blessés qu'on évacue, les entreprises en grève cernées de banderoles, les ordures qui s'amoncellent dans les rues, les pancartes injurieuses... Six semaines de fièvre. Et mon collège fermé tout ce temps. Ces vacances improvisées sentent bon l'été.

À la fin du mois de mai, de Gaulle disparaît ! Parti à bord d'un hélicoptère pour Colombey-les-deux-Églises, il n'est toujours pas arrivé à destination et les radars ne parviennent plus à détecter l'hélicoptère. La rumeur enfle toute l'après-midi. Le pays retient son souffle et les médias se perdent en conjectures : « le pouvoir est vacant », « les chars de la gendarmerie blindée vont écraser l'émeute », « les communistes vont faire un coup de force »... Le soir, de Gaulle réapparaît enfin. Il a fait un « détour » par Baden-Baden, siège du commandement en chef des Forces françaises, pour rencontrer le général Massu et s'assurer du soutien de l'armée. On ne saura jamais ce qu'ils se sont dit, mais le général déclare le lendemain dans une allocution

Barricades de voitures renversées dans le Quartier latin en mai 1968.

radio : « Je ne me retirerai pas… J'ai un mandat du peuple, je le remplirai. » La « majorité silencieuse » sort de l'ombre et défile en masse à Paris, André Malraux et Michel Debré en tête.

Le Quartier latin n'est que désolation. Les pavés sont arrachés du sol, les arbres déracinés, les plaques d'égout soulevées, les façades noircies. Les murs sont encore couverts de slogans : « L'imagination au pouvoir », « Prenez vos désirs pour des réalités », « Sous les pavés la plage ».

À la rentrée de septembre, un vent de liberté a soufflé sur mon CES. Changement de ton chez les professeurs qui semblent rajeunis par les événements. Après des années d'autoritarisme, l'école se cherche. On donne la parole aux élèves, on travaille en groupe, on ouvre des cahiers de doléances destinés à recevoir nos revendications. Nous proposons timidement : suppression des blouses, interdiction aux profs de nous frapper… On nous suggère de placer les tables en U, c'est plus convivial, et d'élire des délégués de classe. Finis les classements et les prix, finies les notes, désormais remplacées par des lettres. Un prof facétieux ou accablé me gratifie cette année-là d'un Z en latin !

Les événements de Mai 68

La crise débute à l'université de Nanterre en région parisienne. Le 22 mars, des étudiants d'extrême gauche menés par Daniel Cohn-Bendit occupent la tour administrative en signe de protestation contre l'arrestation de membres du Comité Viet-Nam. Le 2 mai, la faculté est fermée, les étudiants gagnent Paris et investissent la Sorbonne. Commence la « Nuit des barricades », le 10 mai, où près de 30 000 étudiants manifestent dans les rues du Quartier latin, affrontant violemment les forces de l'ordre. Les partis politiques et les syndicats en profitent pour entrer dans l'opposition. Le 13 mai, un million d'ouvriers manifestent dans un grand défilé populaire. La grève générale est lancée. Le 24 mai, de Gaulle annonce un référendum mais ne convainc pas. La nuit du 24 au 25 mai est très violente, la Bourse est incendiée. Le 27, les accords de Grenelle sont signés entre les syndicats, le patronat et le gouvernement, concédant de substantiels avantages aux ouvriers, qui rejettent les accords et poursuivent la grève. Le 29 mai, tandis que la CGT défile à Paris, réclamant la constitution d'un « gouvernement populaire », le général de Gaulle « disparaît » en Allemagne. À son retour, il annonce la dissolution de l'Assemblée nationale et la tenue de prochaines élections législatives. Plus d'un million de gaullistes manifestent leur soutien le 30 mai. L'absence d'un projet politique commun chez les opposants et la peur des Français face à la violence des manifestations sauvent le gouvernement. Le 11 juin, les organisations étudiantes sont dissoutes, les manifestations interdites. Le printemps des « enragés » s'achève, la reprise du travail se fait progressivement.

20 juillet 1969, les Américains marchent sur la Lune !

On a marché sur la Lune

En avril 1969, le « non » l'emporte au référendum voulu par le général de Gaulle. Comme il l'avait annoncé, il démissionne, quittant définitivement la vie politique. Georges Pompidou, l'homme au sourcil ombrageux, est élu président de la République avec 58 % des voix. Au même moment, le *Concorde* pointe son nez aquilin dans le ciel français.

Tandis que l'armée américaine s'embourbe dans les jungles vietnamiennes, le 21 juillet, 600 millions de téléspectateurs assistent, médusés, aux premiers pas sur la Lune des astronautes d'Apollo 11, Neil Armstrong et Edwin Aldrin. J'attends ce moment depuis des semaines avec fébrilité. Je ne quitte pas des yeux les astronautes qui sortent du module, effectuent quelques pas incertains sur un sol criblé de cratères, avant de prendre de l'assurance et d'effectuer de légers bonds de kangourou dans leur scaphandre de 80 kg. Le pari de Kennedy est gagné.

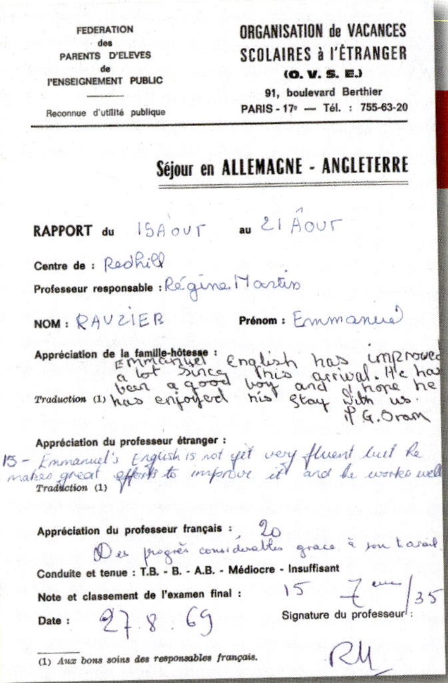

FEDERATION des PARENTS D'ELEVES de l'ENSEIGNEMENT PUBLIC

Reconnue d'utilité publique

ORGANISATION de VACANCES SCOLAIRES à l'ÉTRANGER
(O. V. S. E.)
91, boulevard Berthier
PARIS - 17e — Tél. : 755-63-20

Séjour en ALLEMAGNE - ANGLETERRE

RAPPORT du 15 AOUT au 21 AOUT

Centre de : Redhill
Professeur responsable : Régina Martin

NOM : RAUZIER Prénom : Emmanuel

Appréciation de la famille-hôtesse : Emmanuel English has improved a lot since his arrival. He has been a good boy and I hope he has enjoyed his stay with us. P G. Oram
Traduction (1)

Appréciation du professeur étranger :
15 - Emmanuel's English is not yet very fluent but he makes great efforts to improve it and he works well
Traduction (1)

Appréciation du professeur français : 20
Des progrès considérables grace à son travail

Conduite et tenue : T.B. - B. - A.B. - Médiocre - Insuffisant

Note et classement de l'examen final : 15 7ème/35

Date : 27.8.69 Signature du professeur : RM

(1) *Aux bons soins des responsables français.*

Annotations des responsables de séjour à l'étranger.

En troisième, la mode vestimentaire a évolué. Je porte encore des pantalons « feu de plancher », signe d'une croissance trop rapide, ou prolongés d'ourlets à la marque blanche bien visible, et des pulls maison avec coudes en skaï. Mais dans ma classe, certains adoptent des look plus sixties : pantalons à pattes d'eph' et chemises brodées, boots à talons et pulls moulants, jeans et chemises à fleurs comme Antoine. Chez les filles, robes vichy, mini-jupes et maxi-manteaux fleurissent en même temps que les pantalons, désormais autorisés au collège, et sans la jupe par-dessus !

Ma première boum se déroule au collège. Premiers slows, premiers émois garçons-filles sur de langoureux tubes : « Rain and Tears » des Aphrodite's Child , « Que je t'aime » par Johnny, « Hey Jude » des Beatles et « Love me » de Polnareff. Les Shadocks à la logique imparable s'invitent au salon, rondouillards, bêtes et méchants, suivis des « Envahisseurs », le petit doigt en l'air, venus d'une autre planète : « Leur destination, la terre, leur but, en faire leur univers. »

Une scène du film *Hair* de Milos Forman.

Woodstock et la marée humaine.

Woodstock

« Trois jours de paix et de musique. Des centaines d'hectares à parcourir. Promène-toi pendant trois jours sans voir un gratte-ciel ou un feu rouge. Fais voler un cerf-volant. Fais-toi bronzer. Cuisine toi-même tes repas et respire de l'air pur. », vante l'affiche du concert qui s'annonce du 15 au 18 août 1969. À l'origine, le festival est une affaire commerciale montée par Michael Lang et trois jeunes associés en vue d'acheter un studio d'enregistrement à Woodstock. Le concert a lieu à Bethel, sur le domaine d'un fermier, à 60 km de Woodstock. 50 000 spectateurs sont attendus. Il en viendra plus de 450 000, provoquant quatre jours durant le plus gigantesque embouteillage de l'histoire de l'Amérique. La marée humaine est telle que les organisateurs décident de rendre l'accès au festival gratuit. Le trafic est paralysé, les camions transportant les instruments et le matériel des artistes restent bloqués sur l'autoroute, la logistique ne suit pas. Rien n'a été prévu pour une telle affluence. Pourtant sous une pluie chaude, transformant les champs en bourbier, trente-deux groupes se succèdent sur la scène : Joe Cocker, Jimi Hendrix, Ravi Shankar, Joan Baez, Janis Joplin, The Who, Crosby, Stills and Nash, Santana, Jefferson Airplane, Ten Years After… Woodstock restera un des symboles de la vague hippie et de la contre-culture américaine.

1970-1973

Manifs et rock, nos années rebelles en pattes d'eph'

Robes longues et chemises à fleurs, à chacun son look.

Le lycée post 68

Clac, cloc, clac, cloc… Les sabots suédois à semelles de bois martèlent le carrelage des couloirs du lycée – le proviseur, échaudé par le bruit, menace de les faire interdire. Les filles baba-cool s'habillent de longues jupes colorées, de chemises indiennes, de grands pulls de laine informes tricotés au point mousse, et s'enroulent le cou de longues écharpes. Garçons et filles arborent des jeans unisexes à pattes d'eph', serrés aux cuisses, évasés à partir des genoux et recouvrant totalement leurs Clarks en daim à semelle de crêpe ou leurs Kickers délavées. Le must : un « Love and peace » écrit au feutre ou brodé. Les couleurs sont *flashy* – vert pomme, rose, orange ou jaune, avec des pois ou des rayures.

Les garçons sages adoptent le blouson en coton avec col en fourrure synthétique ; les gauchistes préfèrent la tenue treillis-veste kaki, les baskets pour courir dans les manifs, le keffieh à damier noir et blanc pour se protéger des gaz lacrymogènes et la besace des surplus de l'armée américaine pour transporter les tracts. La mode est androgyne : coupes de cheveux à la Stone (et Charden) avec frange nette au ras des yeux, ou cheveux très longs lâchés dans le dos. « Comme un garçon, j'ai les cheveux longs, comme un garçon je porte un blouson », chante Sylvie Vartan. Quelques nostalgiques de *L'Équipée sauvage* entretiennent leur cœur de rocker, blouson noir, t-shirt blanc et ceinturon, mais les cheveux dans le cou. S'habiller pour sortir devient le comble du petit-bourgeois. Les garçons lisent *Rock and Folk*, presse des popstars, les filles préfèrent *Mademoiselle Âge tendre* et ses nombreux conseils sur la mode, le flirt et la pilule.

Au lycée, on fait connaissance avec les bijections, les espaces vectoriels, les matrices, les groupes et les anneaux – les fameuses maths modernes, qui creusent un fossé de plus entre les générations.

Sur la lancée de Mai 68, les femmes prennent la parole. Le 26 août 1970, quelques manifestantes déposent une

Chronologie

10 février 1970
Une avalanche meurtrière ensevelit 39 jeunes de l'UCPA de Val d'Isère.

16 avril 1970
Un glissement de terrain et une coulée de boue font 72 victimes au sanatorium pour enfants installé au Roc de Fiz, en Haute-Savoie.

1er novembre 1970
146 jeunes gens périssent dans l'incendie du dancing Le 5-7 à Saint-Laurent du Pont, dans l'Isère, les issues de secours étant restées bloquées.

9 novembre 1970
Mort du général de Gaulle à Colombey-les-deux-Églises.

3 octobre 1971
Fondation de Médecins sans frontières.

5 septembre 1972
Un commando palestinien prend en otage 9 athlètes israéliens participant aux JO de Munich. L'opération s'achève en drame, faisant 17 morts.

27 janvier 1973
Les Accords de Paris, prévoyant un cessez-le-feu au Vietnam et le retrait des forces américaines, mettent fin à dix ans de guerre.

11 juin 1973
Un Boeing 707 de la compagnie Varig fait un atterrissage forcé près de l'aéroport d'Orly suite à un incendie : 124 morts, 11 survivants.

6 octobre 1973
Début de la guerre du Kippour. La Syrie et l'Égypte attaquent Israël.

16-17 octobre 1973
En réponse au conflit israélo-palestinien, l'OPEP décide de réduire les livraisons de pétrole jusqu'à évacuation des territoires occupés et reconnaissance des droits des Palestiniens.

gerbe de fleurs sur la tombe du soldat inconnu, à l'intention de sa femme restée dans l'oubli. Sur le modèle du Women's lib américain, le MLF (Mouvement de libération de la femme) fait ses premiers pas. « Qui fait la cuisine pendant qu'ils parlent de la révolution ? », demande un tract. La même année, une réforme remet en cause la seule autorité paternelle. En avril 1971, 343 signataires, dont une grosse poignée de personnalités, signent un manifeste courageux pour le droit à l'avortement dans *Le Nouvel Observateur*.

Le conflit du Larzac

Très médiatisé, ce conflit non-violent opposa durant dix ans le gouvernement à une centaine de familles menacées d'expulsion. En 1971, le ministre de la Défense, Michel Debré, annonce l'extension du camp militaire du Larzac, de 3 000 à 17 000 hectares. Paysans, notables, sympathisants et syndicats vont dès lors s'opposer farouchement au projet d'extension. 150 « comités Larzac » sont créés à travers la France, de grands rassemblements se forment : 6 000 person-nes à Millau en novembre 1971 ; 20 000 per-sonnes à Rodez en juillet 1972. Des tracteurs montent à Paris, accompagnés de 60 brebis qui viennent brouter les pelouses du Champ de Mars. Les paysans prêtent le « serment des 103 », chacun s'engageant par écrit à refuser de vendre ses terres à l'armée, quel qu'en soit le prix. On achète des terres convoitées par l'armée, occupe illégalement des fermes abandonnées, empêche le bon déroulement des procédures d'expropriation. En août 1973, un gigantesque rassemblement de 80 000 personnes venues de France et d'Europe converge vers le Larzac, sous la canicule et dans la bonne humeur. Le bras de fer s'achèvera en 1981 après l'élection de François Mitterrand, qui annulera le projet.

Le Larzac, un conflit qui durera dix ans.

Après 1968, les manifestations d'étudiants à Paris deviennent chroniques.

Communistes et gauchistes

Mai 68 fait des vagues. Le bras de fer entre le pouvoir et l'extrême gauche devient quasi quotidien. Mon lycée bouillonne de courants plus ou moins politisés. C'est la foire aux idéologies, qui se croisent dans un grand chambardement. Nous avons envie de vivre le Mai de nos aînés, de faire notre révolution manquée. Communistes et gauchistes s'affrontent, se disputant le monopole de la représentation des « classes populaires ». En mai 1968, le parti communiste a observé avec un certain mépris la révolte des étudiants, ces « faux révolutionnaires », ces « fils de bourgeois » voulant donner des leçons au mouvement ouvrier. Puis s'est inquiété de la concurrence dangereuse des gauchistes. Malgré l'excellent score (22 % des voix) du communiste Jacques Duclos aux élections présidentielles de 1969, le mouvement révolutionnaire s'est maintenu. Le silence assourdissant du PCF lors du Printemps de Prague et l'évocation d'un « bilan globalement positif en URSS » par Georges Marchais, l'homme fort du parti dès 1970, commencent à remettre en question la crédibilité du PCF. Au même moment, Soljénitsyne remporte le prix Nobel de littérature pour son œuvre décrivant son expérience au Goulag.

Anarchistes, maoïstes, trotskistes, MLF, révolutionnaires pro-palestiniens… les gauchistes sont de toutes les grèves, de tous les défilés, rassemblant derrière eux des milliers de jeunes, étudiants et lycéens désireux de « continuer le combat ». Les militants de Secours rouge – PSU, communistes et Gauche prolétarienne – en lutte contre la répression et le vote de la loi « anti-casseurs », arrachent les affiches de l'administration lycéenne et distribuent des tracts. « À-bas-la-répression-policière », scandent-ils face aux CRS casqués postés devant le lycée, qui martèlent le sol de leurs bâtons ferrés.

Pendant ce temps-là, l'Amérique se crispe face aux horreurs de la guerre du Vietnam. Le 3 mai 1971, une manifestation monstre rassemble 500 000 personnes à Washington aux cris de « Enough » (« assez »). En France, Médecins sans frontières est créé sous l'impulsion du « french doctor » Bernard Kouchner. La médecine d'urgence intervient partout où l'on a besoin d'elle.

Septembre noir et la guerre du Kippour

La guerre des Six Jours remportée par Israël en 1967 est loin d'avoir pacifié la région. Avec l'occupation des territoires du Golan, de Gaza et de Cisjordanie, les Palestiniens en exil, entassés dans des camps, crient vengeance. Des commandos font coup d'éclat sur action terroriste : détournement d'avions, assassinats, prises d'otages. Le 6 octobre 1973, l'Égypte et la Syrie s'attaquent à Israël le jour du Youm Kippour, la fête religieuse la plus célébrée chez les juifs. La contre-offensive israélienne, soutenue par les Américains, se solde par une débâcle de l'armée égyptienne et un cessez-le-feu le 23 octobre. En représailles, les six États producteurs du Golfe persique, membres de l'OPEP, décident une majoration de leurs prix de 70 % contre les États-Unis et leurs alliés. Pour la première fois, les pays producteurs ne négocient plus les prix avec les sociétés pétrolières. L'or noir, matière première indispensable à l'économie, est devenu une arme de guerre. Les pays consommateurs passent brutalement de l'abondance insolente à une quasi pénurie.

Dans tous les rassemblements de jeunes, la guitare est là.

La vie est à nous

À la fin de ma seconde, je goûte au charme d'un camp de jeunes dans les Pyrénées, sur les rives d'un immense lac. À bord de dériveurs et de « quat'vingt », nous apprenons les rudiments du vocabulaire marin. À la veillée, autour du feu, nous rêvons de vivre en communauté dans « une maison bleue accrochée à la colline ». Frissons de liberté. La vie est à nous. Lors d'une virée en Espagne, nous clamons haut et fort « Franco asesino, Franco asesino ». Les moniteurs, livides, nous font illico remonter dans le car, en menaçant de nous priver de sorties. Ici, ça ne plaisante pas...

Pour mes seize ans, je reçois la mythique Mobylette, la « bleue » qui va simplifier mes trajets pour aller au lycée. Je pétarade dans les bois avec les copains et passe des heures à bricoler ma monture. Je la bichonne, la débride pour aller plus vite.

Pause au bord d'un névé lors d'une randonnée en montagne.

Repérage en montagne entre neige et soleil.

En juin, je passe mon bac de français. Au même moment, Anne Chopinet fait la couverture des magazines : à dix-huit ans, elle est la première femme à être reçue major au concours d'entrée de l'École polytechnique.

Cet été-là, je participe aux premières grandes manifestations pour le Larzac, prenant fait et cause contre l'extension du camp militaire : « Debré-de-force-nous-garderons-le-Larzac » ! Je suis assez fier de pouvoir claironner au

Robert Plant, chanteur de Led Zeppelin, en 1970.

retour qu'un CRS m'a frappé sur l'épaule avec sa matraque.

La génération Woodstock est en deuil. En 1970, Jimi Hendrix et Janis Joplin meurent à deux semaines d'intervalle de surdose d'alcool, de drogues et de barbituriques. L'année suivante, c'est au tour de Jim Morrison. Les Beatles se séparent sur un dernier et sublime album, *Let it be*. Le rock progressif assure la relève, en s'inspirant du jazz, de la musique contemporaine et de la musique classique. Place aux longues parties instrumentales et aux textes travaillés. On écoute Yes, Genesis, Deep Purple (*Smoke on the Water*), la guitare folk-rock de Neil Young (*Harvest*), le synthétiseur de Pink Floyd et le planant *Dark Side of the Moon*. On voudrait se mettre à la guitare en écoutant *Stairway To Heaven*, le succès planétaire de Led Zeppelin. On assiste, médusés, aux maquillages flamboyants de David Bowie et de son double scénique, *Ziggy Stardust*.

Côté chanson française, Barbara émeut les foules avec « L'Aigle noir » ; Claude François se déhanche avec ses Claudettes sautillantes sur « Le Lundi au soleil ». Polnareff crée le scandale en montrant son fessier sur des affiches annonçant son prochain concert à l'Olympia. Il récolte 60 000 francs d'amende

L'Enfant sauvage de François Truffaut.

pour atteinte à la pudeur. Avec sa harpe celtique et son biniou, Alan Stivell nous offre un retour à la terre d'Armor ; Gilles Servat psalmodie « La voilà la blanche hermine, allons faire la guerre aux Francs… ».

Dégoulinant d'amour et de bons sentiments, *Love Story* est le plus grand succès cinématographique de l'année 1970. Pierre Richard, le grand blond avec une chaussure noire, nous fait rire aux larmes. On s'apitoie sur *L'Enfant sauvage* de François Truffaut, inspiré de l'histoire vraie du petit Victor de l'Aveyron, né vers 1790.

Graphologie et écologie

La philo post-68, telle que nous l'étudions en classe de terminale, escamote les classiques au profit des auteurs modernes : Auguste Comte et Émile Durkheim les positivistes, Sartre l'existentialiste, mais aussi Karl Marx, Max Stirner ou Pierre-Joseph Proudhon. Je me passionne pour Freud et la psychanalyse, la caractérologie, la graphologie et l'étude de la personnalité. Dans la classe, nous admirons tous un peu un camarade aux cheveux longs et aux discours anarchistes. Au cours d'une dissection de grenouilles, en sciences naturelles, il ouvre les portes des cages et libère les batraciens qui s'échappent en sautillant sur le carrelage. Le prof est furieux.

En mars 1973, les lycéens se mobilisent contre la loi Debré, contre l'abaissement de l'âge de l'incorporation entre dix-huit et vingt-et-un ans et la suppression du sursis accordé aux étudiants jusqu'à vingt-cinq ans. Nous nous mettons en grève. Certains élèves reçoivent leur feuille de route avant même d'avoir terminé leur scolarité. Des manifestations éclatent dans toute la France sous l'impulsion des partis extrémistes, LCR contre Ordre nouveau.

L'écologie fait ses premiers pas et les magazines commencent à parler de pollution des mers, des forêts et de l'atmosphère. René Dumond, tiers-mondiste et écologiste, parle déjà de « développement durable ». En 1974, il sera le premier candidat écologiste à se présenter à une élection présidentielle en France. Emblématique de la contestation de ces années-là, le film *L'An 01* sort en salles en 1973, avec le slogan « On arrête tout et on réfléchit. » Il dénonce les excès de la société de consommation et proscrit toute forme d'obligation, d'autorité et de pouvoir au profit d'une vie plus simple où seul l'indispensable est admis. Utopique, nostalgique, joyeux, naïf, le film nous emballe. À l'affiche, une quantité d'artistes encore à peine connus : Gérard Depardieu, Coluche, la bande du Splendid, Daniel Auteuil, Jaques Higelin…

Marlon Brando dans *Le Parrain* de Francis Ford Coppola.

Un cinéma engagé et violent

Le début des années soixante-dix est une période très riche pour le cinéma, où abondent les films engagés dénonçant divers scandales politiques et sociaux, la corruption, les tares de la société et du pouvoir. En 1970, la Palme d'or cannoise est attribuée à M.A.S.H., *un film lucide mais cruel dénonçant les atrocités de la guerre de Corée. En 1972, elle récompense deux films italiens :* L'Affaire Mattei, *de Francesco Rossi, ou la mort non élucidée d'un homme politique, et* La Classe ouvrière va au paradis *d'Elio Petri. Yves Boisset s'inspire de l'enlèvement de Ben Barka dans* L'Attentat *et de la guerre d'Algérie dans* R.A.S. *La corruption électorale est au cœur de* L'Albatros *de Jean-Pierre Mocky. Costa-Gavras dénonce la dictature dans* Z, *le totalitarisme dans* L'Aveu, *et les milices anti-guérillas formées par la CIA dans* État de siège. *La verve anarchiste de Jean Yanne fait scandale dans* Tout le monde il est beau, tout le monde il est gentil, *portrait sans concession du monde journalistique. Dans* Orange mécanique, *Stanley Kubrick invente des héros violents et cruels qui boivent du lait et écoutent la 9e symphonie de Beethoven en torturant leurs victimes.* Le Parrain *de Francis Ford Coppola, qui décrit le milieu mafieux new-yorkais, remporte l'Oscar du meilleur film en 1973.*

La fin des Trente Glorieuses

La guerre du Vietnam, qui s'achève en janvier 1973, laisse un goût amer aux Américains. Dix ans de conflit, 56 000 morts parmi les GIs, 2 millions de Vietnamiens tués, 15 milliards de dollars dépensés en vain. À cette terrible défaite s'ajoute un scandale intérieur qui sème le doute sur la droiture du gouvernement et consacre la puissance des médias : le scandale du Watergate. Les cinq hommes surpris par la police en train de poser des micros dans l'immeuble du Watergate, siège du parti démocrate à Washington, sont liés à la Maison Blanche. Nixon, qui nie son implication dans l'affaire, est réélu le 7 novembre 1972. Forcé de se rétracter face aux preuves qui l'accablent, il démissionne deux ans plus tard. Au Chili, le putsch du général Pinochet met fin à l'expérience démocratique du pays et au gouvernement de Salvador Allende. Répression, tortures et exécutions marquent les débuts de la dictature. La guerre du Kippour relance le conflit israélo-arabe et donne lieu à un embargo sur le pétrole. Les producteurs de l'OPEP sont les nouveaux maîtres de l'économie. La hausse des prix provoque une récession dont le monde entier subit le contrecoup.

Le vélo, ou les vacances en toute indépendance.

Je révise mon bac en écoutant *Tommy*, l'opéra rock des Who, et « Here's to you » de Joan Baez. Le grand jour arrive. La calculette n'est pas encore autorisée au bac et on jongle avec les tables numériques pour calculer les racines carrées, les sinus, les cosinus, les fonctions trigonométriques et les logarithmes. En physique-chimie, nous avons droit à la règle à calcul.

Je l'ai ! Première cuite, insolation sur une plage, chute à deux sur une mob'... Nous fêtons le bac, la vie, l'avenir.

Après avoir découvert et dévoré *Technique de la non-violence* de Lanza del Vasto, je pars en août faire mon premier stage dans la communauté de l'Arche, dans l'Hérault. Sur le modèle de l'ashram de Gandhi, cette communauté accueille des familles, couples et célibataires qui vivent toute l'année dans un « village » en autonomie et sans électricité. Il y a des jardins potagers et des champs de blé, le pain et le fromage sont fabriqués sur place, on tisse ses vêtements sur le métier de la communauté. Comme tous les stagiaires de passage, j'assiste à des conférences sur la non-violence, à des séances de méditation-relaxation. Nous participons aux travaux des champs (cueillette, désherbage) et à la vie quotidienne (épluchage, lessive...) Une expérience marquante pour mes engagements futurs. Nos vacances de lycéens sont bel et bien terminées. A dix-huit ans, nous ne sommes pas encore majeurs mais pour beaucoup, les études supérieures commencent, et avec elles l'envie de voler hors du nid.

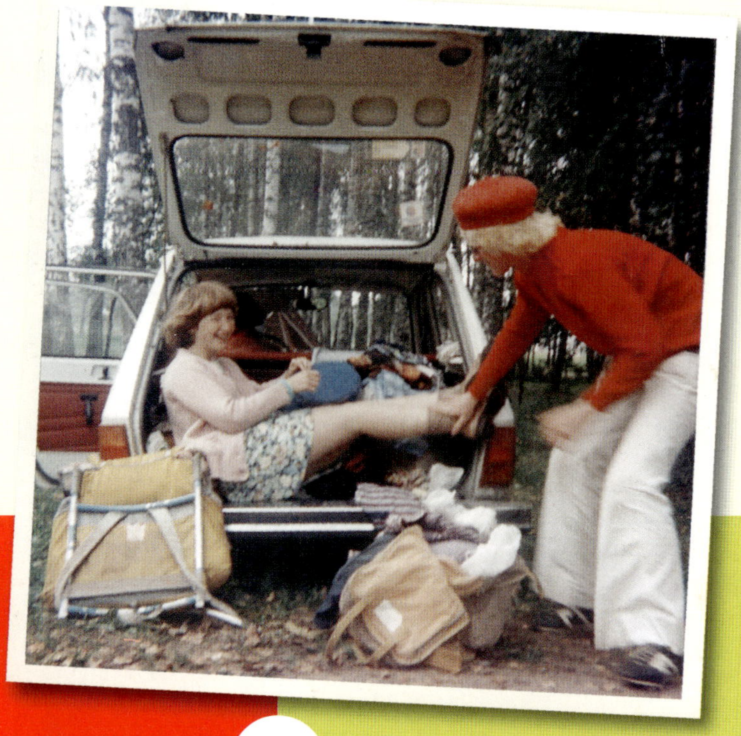

La liberté après le bac et le désir d'ailleurs.

L'entrée de l'usine LIP occupée par les salariés.

L'affaire LIP

L'entreprise d'horlogerie, née en 1867 à Besançon, a inventé la montre à quartz française. Le 17 avril 1973, souffrant de la concurrence américaine et japonaise, elle dépose le bilan. La découverte inopinée d'un plan de licenciement provoque la colère chez les salariés, qui entament un conflit social : il durera neuf mois. Deux administrateurs et un inspecteur du travail sont pris en otage, le stock de montres est déposé dans diverses cachettes, et l'usine est occupée. Tout Besançon est solidaire de l'entreprise. Pour s'assurer un salaire de survie, les ouvriers décident de remettre en route la chaîne de montage pour leur propre compte, quelques heures par jour. Des commissions de travail sont mises en place pour la vente, la gestion des stocks, la sécurité et la restauration des employés. Les montres sont vendues 40 % moins cher. « On fabrique, on vend, on se paye », tel est le slogan désormais inscrit sur les grilles de l'usine. Le 15 août, les forces de l'ordre font cesser l'activité après de sévères affrontements. 100 000 personnes venues de toute la France et de l'étranger participent à la grande marche nationale sur Besançon pour soutenir « les LIP ». Fin janvier, un accord permet le réemploi progressif des 900 salariés qui ont lutté pour conserver leur travail.

Souvenez-vous de vos premières années...

Un livre-cadeau vraiment personnel !

Les dix-huit années de notre enfance et de notre adolescence racontées dans un livre.

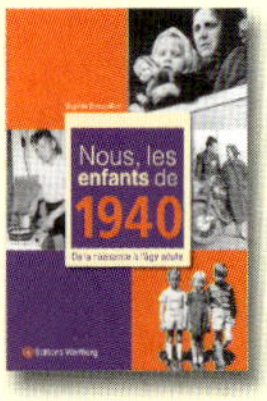

ISBN 978-3-8313-2540-5

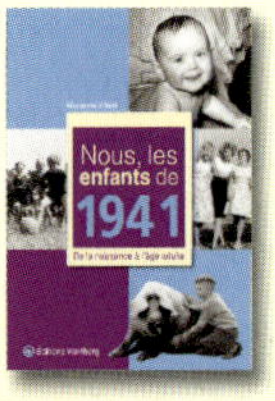

ISBN 978-3-8313-2541-2

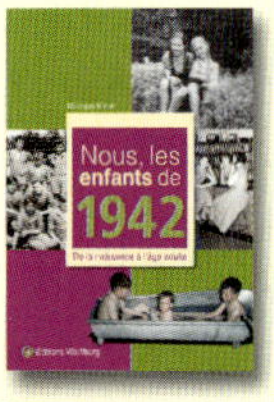

ISBN 978-3-8313-2542-9

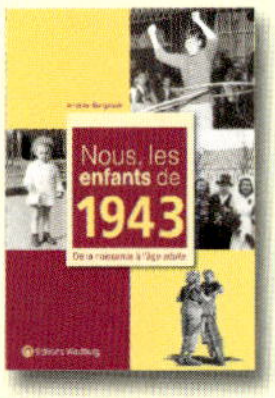

ISBN 978-3-8313-2543-6

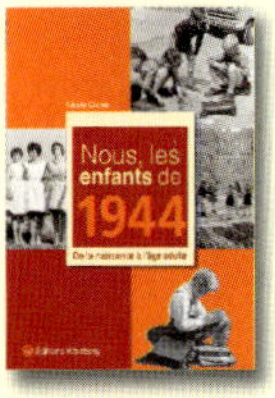

ISBN 978-3-8313-2544-3

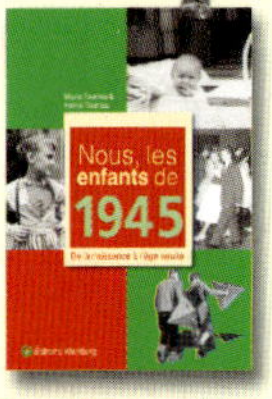

ISBN 978-3-8313-2545-0

ISBN 978-3-8313-2546-7

ISBN 978-3-8313-2547-4

ISBN 978-3-8313-2548-1

ISBN 978-3-8313-2549-8

ISBN 978-3-8313-2550-4

ISBN 978-3-8313-2551-1

ISBN 978-3-8313-2552-8

ISBN 978-3-8313-2553-5

ISBN 978-3-8313-2554-2

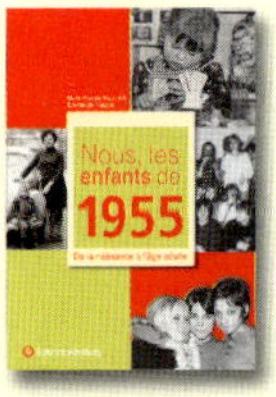

ISBN 978-3-8313-2555-9

ISBN 978-3-8313-2556-6

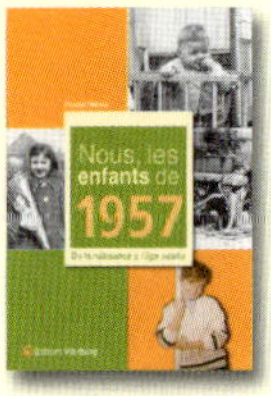

ISBN 978-3-8313-2557-3

ISBN 978-3-8313-2558-0

ISBN 978-3-8313-2559-7

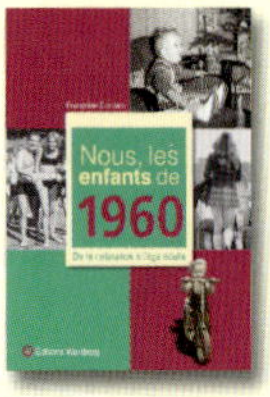

ISBN 978-3-8313-2560-3

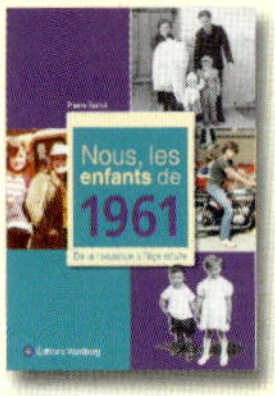

ISBN 978-3-8313-2561-0

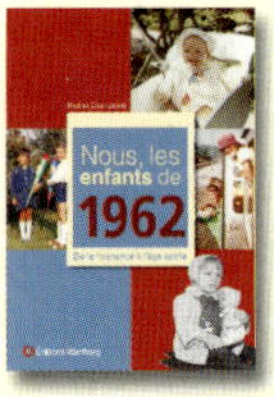

ISBN 978-3-8313-2562-7

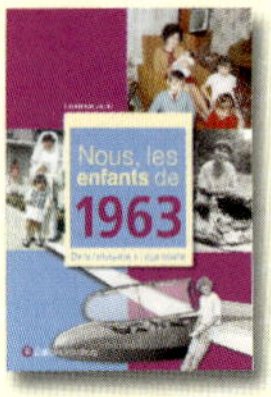

ISBN 978-3-8313-2563-4

Éditions Wartberg
40, rue de l'Échiquier
75010 Paris

Diffusion – Distribution SOFEDIS
11, rue Soufflot
75005 Paris

Tél. 01.53.10.25.25, Fax 01.53.10.25.26